크리스천 성장 시리즈 2

머니가 뭐니?
MONEY

-돈이란 무엇인가?-
재물에 대한 성경의 가르침

김윤홍 지음

KB193134

그린아이

차 례

들어가는 말

돈이 어느 정도나 있어야 부자일까요? 상위 5% 이내에 들어야 할까요? 한때 백만장자라는 말이 있었습니다만 요즘 화폐단위로 50억 정도는 있어야 할까요? 100억 정도 있으면 부자일까요?

저자가 이 책에서 말하고자 하는 것은 돈의 액수가 아닙니다. 부자란 기준도 다르고 애매하며, 모든 사람이 부자가 될 수도 없습니다. 독자 여러분은 진정한 부자가 되어 아름답고 풍성한 삶을 누리며 살기를 바랍니다.

필자는 40여 년의 목회에서 얻은 성경의 가르침과 인생경험을 통해 깨달은 지혜를 공유하여 풍요롭고 행복하게 살 수 있는 진정한 부자의 길을 제시하고자 합니다. 이 책의 내용은 대부분 대학이나 세미나에서 학생들에게 가르친 것입니다. 읽다가 중단하지 마시고 꼭 완독하시기 바랍니다.

이 책은 돈에 대한 성경의 원리를 말하고 있습니다. 성경은 하나님의 축복으로 부자가 될 수 있음을 말씀하면서도 부자 되기를 애쓰지 말라고 가르칩니다. 또 "돈을 사랑하는 것이 일만 가지 악의 뿌리"라고 합니다. 서로 상반되고 혼돈스러운 이야기로 들릴 수 있겠지만 그렇지 않습니다. 돈은 인간의 생존수단입니다. 그러므로 돈은 돈만큼만 사랑하면 됩니다. 돈에 대해 부정적인 생각을 가진 사람에게는 돈도 그 사람을 피할 수밖에 없을 테니까요. 그러므로 돈을 부정한 것으로 여기고 멀리하기보다 돈의 속성을 알고 그것을 다스리는 지혜가 필요할 것입니다.

인간의 역사를 살펴보면 어느 시대든 세상은 공평하지 않았고 재물은 항상 모자랐습니다. 100년 전까지만 해도 봉건사회에서 살았던 우리 선조들은 대다수가 가난했고 어렵게 살았습니다. 이제 우리나라가 선진국에 진입했다고 하지만 지금도 여전히 곳곳에서 탄식소리가 들려오고 있습니다. 특히 젊은 세대의 절망하는 외침을 들으면 부끄러움을 금할 수 없습니다. 부디 이 작은 책자가 아름답고 풍성한 삶을 꿈꾸는 그대에게 보탬이 되기를 두 손 모아 기도합니다.

2023년 봄날
두물머리에서 김윤홍 목사

제 1 부

돈에 대한
발상의 전환

돈은 돈 그 이상도 이하도 아니다.

돈이란 무엇일까요? 왜 사람들은 그렇게 돈에 집착하며 사는 걸까요? 이 질문에 대한 답변은 여러 가지겠지만 사람들은 대체로 다다익선으로 생각합니다. 돈으로 살 수 있는 것도 많고 할 수 있는 일도 많기 때문일 것입니다. 돈은 쓸모가 많지만 돈일 뿐입니다. 돈 그 이상도 이하도 아닙니다. 돈은 불신(不信)의 산물이라고도 합니다. 그래서 서로 신뢰하고 교환할 수 있는 돈이 탄생한 것입니다. 돈은 결제수단이자 가치척도이며 가치저장과 교환의 매개체 기능을 합니다. 돈의 역사를 다 알 필요는 없겠지만 고대로부터 인간은 물질의 풍요가 자신의 삶을 행복하게 해줄 수 있다고 믿었습니다. 구약시대 이스라엘 백성들이 가나안 사람들이 섬기던 바알과 아세라에 미혹된 것도 물질의 풍요에 대한 갈망에서 시작된 것이었습니다.

돈에는 강력한 힘이 있습니다. 개인, 기업, 국가가 가지는 이 강력한 힘을 우리는 '경제력(자본)'이라고 합니다. 돈은 경제생활의 도구일 뿐이지만 돈이 있으면 할 수 있는 일이 너무 많은 세상입니다. 문제는 그것이 전부가 아니라는 사실입니다. 돈이 가진 위력과 효용성이 크더라도 그것을 신처럼 섬기거나 의지하는 것은 우상숭배(mammonism)이기 때문입니다. 돈이 많지 않은 사람들은 돈이 원수(웬수)라고 말합니다. 바닷물을 마신 것처럼 돈은 아무리 많아도 늘 부족하고 일상생활에 늘 갈증을 유발하기 때문일 것입니다. 물질의 부족으로 인해 늘 불만족 가운데 살기 때문일 것입니다.

돈의 노예가 되거나 돈의 포로가 되어 살아가는 사람은 결코 행복할 수 없습니다. 돈이 인생의 목적이 되어버린 사람도 절대로 행복할 수 없습니다. 돈을 의지하는 사람은 돈이 사라지면 모든 것을 잃기 때문입니다. 돈 때문에 인생이 좌우될 수 있기 때문입니다. 부자들의 사치와 방종은 우러러보기도 민망할 정도이지만 그로 인해 인생이 한순간 비극의 나락으로 떨어지는 경우를 흔히 목격할 수 있습니다.

그러므로 돈을 위해 인생을 걸거나 머니게임에 자신의 전부를 바치는 것은 가장 어리석은 선택일 것입니다. 불확실성의 시대에 재테크를 비롯한 돈 모으기 열풍이 불어와 젊은이들도 영혼까지 끌어모아 빚을 내서라도 한 방을 노리고 투자하는 세상입니다. 그렇지만 지혜롭지 못한 선택은 인생의 긴 시간을 고통 중에 시달리게 할 수 있다는 사실을 유념해야 할 것입니다. 고리타분한 이야기 같지만 돈에 대한 공부가 필요합니다. 재물을 모으는 것에 왕도(王道)는 없습니다. 천리길도 한 걸음부터 걸어가야 합니다. 돌다리도 두들겨 가면서 건너갈 수 있어야 합니다.

그리스도인의 재물에 대한 생각

많은 그리스도인들은 돈에 대하여 부정적이거나 소극적 인식을 가지고 살아갑니다. 그러나 풍요로움과 부요를 꿈꾸는 것이 결코 잘못된 것은 아닙니다. 대부분의 그리스도인들은 매일 기도를 통해 하나님께서 필요를 채워주시도록 기도합니다. 일용할 양식에 대한 기도가 그것입니다. 하나님의 복 주심과 도우심을 기도하며 살아갑니다. 부요한 삶은 누구나 원하는 자연스러운 욕구이기 때문입니다. 기복신앙이라고 단정지을 수 없는 이유입니다.

성경은 만족할 줄 아는 삶을 가르치지만 부요한 삶을

죄악으로 여기지 않습니다. 그것은 분명 하나님의 축복이기 때문입니다. 그러므로 물질숭배는 죄악이지만 필요에 의해 그것을 갈망하는 것은 죄가 아니라는 사실을 알아야 합니다. 편견과 모순된 생각을 벗어버려야 합니다. 공중 나는 새도 먹이시고 들의 백합화도 입히시는 하나님, 필요를 채우시는 하나님을 신뢰해야 합니다. 먼저 그의 나라와 그를 구하라는 것이지 구하지 말라는 말씀은 어디에도 없습니다.

이 세상에서 부요함을 이룬 사람들을 연구해 보면 처음부터 좋은 환경과 조건 속에 있었던 사람은 소수에 불과합니다. 어쩌다 보니 운(運)이 좋아서 부자가 되었다고 말하지만 그것이 전부는 아닙니다. 꿈을 실현하기 위해 계획을 세우고 미래를 예측하며 기꺼이 대가를 지불하고 노력하며 열정을 쏟아부었기 때문입니다. 고난과 역경을 슬기롭게 이겨낸 결과물이라는 것입니다.

하나님께서 부요하게 하시고 많이 맡겨주신 것은 그 사람을 통해서 하시고자 하시는 하나님의 섭리가 있기 때문입니다. 성경에서 부자가 되려고 애쓰지 말라(잠언 23:4)고 하는 말씀은 그것이 전부인 양 생각하며 믿음에서 떠날 가능성 때문입니다. 성경이 전반적으로 경고하는 바가 바로 그것입니다. 출애굽한 이스라엘 백성들에게 전한 모세의 경고가 그것입니다. 말씀에 순종하는 사람에게 잘되고 번성할 것을 약속하지만 그로 인해 하나님의 은혜를 망각하고 교만하여 재물 얻을 능력을 주신 하나님을 잊어버릴 수 있기 때문이었습니다.(신명기 8:11-20) 그래서 예수 그리스도는 하나님과 재물을 겸하여 섬길 수 없다고 했던 것입니다.(마태복음6:24)

문제의 핵심은 물질문제에 있어서도 하나님의 주권을 인정하고 주어진 재물이 하나님의 은혜로 주어진 것임을 인정하며 하나님의 뜻에 합당하게 사용하는 데 있습니다. 그것이 재물을 하늘에 쌓아두는 것입니다. 비그리스도인들은 교회의 헌금을 부담스러운 것으로 생각합니다. 주변에 보면 하나님과 흥정하며 헌금생활을 하는 사람도 적지 않습니다. 먹고 마시며 즐기는 삶을 위해서는 아낌없이 쓰면서도 만 원짜리 한 장 헌금하는 것을 무섭게 생각하는 사람들도 많습니다.

우리는 우물 안 개구리 식의 옹졸한 성경 이해에서 벗어나야 합니다. 그리스도인은 세상만물이 하나님의 것이요 사람은 하나님의 청지기(관리인)라는 사실을 망각해서는 안 됩니다. 그리스도인들이 할 수 있는 선한 일은 즐비합니다. 교회가 못하면 개인적으로 참여하면 됩니다. 재물의 사용에도 성경이 제시하는 합법적이고 윤리적인 원칙이 있습니다. 내가 소유하고 있다고 영원히 내 것이 될 수 없다는 것입니다. 하나님께서 맡겨놓으신 것이라는 생각으로 하나님의 뜻에 따라 합당하게 사용할 수 있어야 한다는 것입니다.(디모데전서6:18) 선한 일을 많이 해서 망한 사람은 없습니다.

많은 사람들이 돈에 대해 오해하고 있는 것이 무엇일까요? 황호찬 박사는 그의 저서에서 네 가지로 요약하여 소개한 바 있습니다.

첫째, 내가 번 돈은 내 것이라는 생각입니다.
둘째, 돈이라면 무엇이든 할 수 있다는 생각입니다.
셋째, 돈이 많으면 행복하다는 생각입니다.
넷째, 하나님 없이도 살 수 있다는 것입니다.

이 중에 한 가지라도 동의한다면 당신은 하나님과는 아무런 상관이 없는 사람일 것입니다.

우리가 사유재산을 인정하는 자본주의 국가에 살고 있을지라도 성경은 우리가 청지기임을 분명히 말해줍니다. 돈으로 할 수 있는 것이 많지만 돈으로 할 수 없는 것도 얼마든지 있다는 사실을 잘 알려줍니다. 누가복음 12장에 등장하는 '어리석은 부자'는 그가 쌓아놓은 부로 평안히 쉬고 먹고 마시고 즐거워하며 살았습니다. 그렇지만 자기 영혼을 위해서는 아무것도 투자한 것이 없었습니다. 육체를 위한 삶이 전부인 줄로 알고 있었기 때문입니다. 우리는 그렇게 인생을 낭비하지 말아야 합니다. 대부분의 사람들이 그렇게 산다고 옳은 것은 아닙니다.

돈으로 누릴 수 있는 풍요는 많이 있지만 그 부요함이 하나님과의 관계를 깨뜨릴 수도 있다는 것을 염두에 두어야 합니다. 부자가 되고 나서 하나님을 떠난 사람들의 결말이 어떠했는지 탐구해 보십시오. 돈은 양날의 검(劍)으로서 하나님의 선물이기도 하지만 우리를 노예로 만들어 파멸로 이끌어 갈 수도 있습니다. 이스라엘 민족의 실패가 그것을 증명합니다. 그들은 모세가 경고한 바 있는 '멸망의 길'을 선택했기 때문입니다.(신명기8:20)

돈은 존경의 대상이나 애정의 대상이 될 수 없다.

돈은 필요하지만 그것이 섬김의 대상이 될 수는 없습니다. 그것이 섬김의 대상이 된다면 하나님이 가장 싫어하시는 우상숭배이기 때문입니다. 그리스도인은 정함이 없는(uncertain) 재물에 소망을 두고 살아서는 안 됩니다. 바울 사도는 말세에 사람들이 고통당하며 사는 이유 중 하나가 돈을 사랑하기 때문이라고 했습니다. 돈은 필요하고 유용하지만 사랑의 대상이 될 수는 없습니다. 그래서 아굴의 잠언은 "나를 가난하게도 마옵시고 부하게도 마옵시고 오직 필요한 양식으로 먹이시옵소서"라고 기도하고 있습니다. 배불러서 하나님을 모른다고 하거나 가난해서 도둑질하고 하나님의 이름을 욕되게 할까 두렵다는 것입니다.(잠언30:8-9)

성경은 돈을 사랑함이 일만 악의 뿌리라고 선언합니다. 많은 사람들이 기독교는 돈에 대해 부정적인 종교라고 말하는 이유입니다. 공식 예배 때마다 헌금 순서가 있기 때문에 돈을 너무 밝히는 종교라는 인식도 있습니다. 그것은 지극히 부분적인 식견에 불과할 뿐입니다. 예수님은 과부의 두 렙돈을 칭찬하시고 자기를 과시하듯 드리는 헌금 행위를 정죄했습니다.

그리스도인은 하나님과 재물을 나란히 섬길 수 없습니다.(마태복음6:24) 바리새인과 세리의 기도 태도를 비교하여 가르치신 예수 그리스도는 38가지 중 16가지를 물질과 관련된 비유로 말씀하셨습니다. 그만큼 물질은 사람들의 생활과 밀접한 관계에 있고 신앙생활에서 올바른 물질관을 가지는 것이 중요하기 때문일 것입니다. 야고보는 교회에서 빈부로 인한 차별이 없어야 한다고 강조했습니다. 그러나 죄사함 받은 죄인들의 공동체인 오늘날의 교회 역시 여기서 벗어나지 못하고 있는 것이 현실입니다.(야고보서2:1-9)

부자라고 다른 사람보다 우월하지 않다.

부가 하나님의 축복이라는 사실은 성경이 가르치는 원칙입니다. 부귀는 하나님의 손에 달려 있기 때문입니다.(잠언8:18,21) 사람은 하나님의 복 주심이 없이는 부자가 될 수 없기 때문입니다.(잠언10:22) 그렇다고 돈이 그 사람의 인격을 품위 있는 사람으로 만들어 주는 것은 아닙니다. 좋은 옷을 입고 값비싼 액세서리를 하고 명품 가방을 들고 외제차를 타고 다닌다고 해서 존경받는 사람이 되고 훌륭한 사람이 되는 것은 아니기 때문입니다. 오늘날 한국사회는 이런 사람들로 넘쳐나고 있습니다. 그리스도인으로서 겸손과 희생의 예수 향기가 없다면 하나님께 인정받지 못하는 존재일 뿐입니다.

　세상에는 오직 나만 잘 먹고 잘 살면 된다는 자기사랑(自己愛)에 빠져 오직 자기의 만족과 기쁨과 평안함을 위해 살아가는 사람들이 많습니다. 그리스도인 중에서도 나눔이 무엇인지조차 알지 못하고 신앙을 액세서리로 생각하는 부자들이 많습니다. 부자라 할지라도 하루에 다섯 끼니를 먹지 않습니다. 부자나 가난한 사람이나 기본적으로 인생을 살아가는 모습은 다르지 않습니다. 인생의 목표나 살아가는 스타일이 다르고 추구하는 차원이 다를 수는 있습니다. 자기의 재물과 지식과 경험을 남을 위해 기꺼이 활용하는 사람이 있는가 하면 한 달란트 받은 사람처럼 재물과 은사를 묻어두고 오직 자기만을 위해 사는 사람도 적지 않습니다. 가난은 나라님도 어쩔 수 없다고 말하지만 나눔과 선행이 없기 때문에 세상에는 아직도 빈곤에 시달리는 사람이 많다는 것입니다. 무분별하게 버린 음식쓰레기가 나눔의 음식이 된다면 지구상의 빈곤층은 사라질 수도 있을 것입니다.

돈은 필요하다. 그러나 어떻게 쓰느냐가 더 중요하다.

사람이 돈에 얽매이거나 예속될 때 돈은 맘몬우상이 되어 섬김을 받는 신격(神格)이 됩니다.(마태복음6:24, 누가복음16:13) 영적 권세를 가진 사탄에게 예속된 사람이 되고 마는 것입니다. 돈을 사랑하고 돈에 집착하는 것은 바람직한 인생의 태도가 아닙니다. 성경은 생명을 살리는 일, 생명을 보존하는 일, 새 생명을 위한 돈의 활용에 대해 말하고 있습니다. 가난한 자를 생각하며 살아야 한다는 것과 손님 대접하는 일에 힘쓰라고 가르칩니다. 기회가 되면 어쩌다 그런 일을 하는 것이 아니라 힘쓰라는 것입니다.(로마서12:13) 그것이 선행이고 선교이기 때문입니다. 그리스도인들은 먹을 것과 입을 것이 있으면 만족할 줄 아는 삶을 살아야 합니다. 선교를 위해 검소한 삶을 즐길 줄 아는 사람이 되어야 합니다.

나에게 이익이냐 손해냐만 따지는 세상이지만 그리스도인들은 옳고 그름을 먼저 생각하는 사람들입니다. 따지기만 하고 실천하지 않기 때문에 욕을 먹기도 합니다.

나는 행하지 않고 누군가가 해주기를 바라기 때문에 이 중인격자란 말을 듣고 살아갑니다. 내가 가진 물질로 우는 자들과 함께 울고 즐거워하는 자들과 함께 즐거워하며 사는 삶이야말로 가장 이상적인 그리스도인의 모습일 것입니다.(로마서12:15) 세상에는 빈곤에 허덕이는 사람들이 많습니다. 빈곤의 문제는 개인이 해결하기가 쉽지 않습니다. 국가적으로도 해결 못하는 경우가 부지기수입니다. 그렇다고 〈부자와 나사로〉의 이야기에 등장하는 사람처럼 오직 자기 즐거움을 위해 사는 사람은 그 누구에게도 인정받지 못할 것입니다.

내가 쓰고 싶은 것들, 내가 하고 싶은 모든 것을 다 한 후에 남은 것 가지고 무엇을 하겠다는 것은 어불성설입니다. 나중에 여유가 생기면 남을 돕겠다는 사람은 절대로 기회를 얻지 못할 것입니다. 교회도 기본적으로 지출해야 하는 운영비에 치중하다 보면 선교에 힘쓸 수가 없게 됩니다. 우선순위의 문제인 것입니다. 이스라엘 백성들이 첫 열매, 첫 수확을 구별한 것처럼 '먼저 하나님' 신앙은 그래서 필요한 것입니다. 많이 가진 대형교회라고 선교와 봉사의 눈을 뜨는 것은 아닙니다. 교회에서 성도의 교제는 필요하지만 교회는 친목단체가 아닙니다. 선교와 봉사는 주님의 일입니다. 이 일에 우선하지 않으면 교회는 늘 재정부족으로 허덕일 것입니다.

돈에 대한 유대인들의 인식은 베풀기 위해 번다는 것입니다. 베풀 수 있다는 것은 한없이 감사한 일입니다. 〈어리석은 부자 이야기〉에 나오는 부자처럼 오직 재물을 쌓는 일에만 몰두하는 것은 바람직한 인생이 아닙니다.(누가복음12:16-21) 현재 어느 정도 재물이 있다면 그것을 어떻게 사용할지에 대한 고민이 있어야 할 것입니다. 재물은 쌓아놓을 때보다 필요한 곳에, 필요한 사람들에게 제대로 사용할 때 그 진가를 발휘하기 때문입니다. 그리스도인이 너무 부요해도 하나님과의 관계에서 문제가 발생할 수 있고 너무 가난해도 덕이 되지 못합니다. 그러므로 풍부와 빈곤의 상태와 상관 없이 형통한 날이나 곤고한 날에도 하나님과 바른 관계를 유지해 나가는 것이 가장 중요합니다.(빌립보서4:12)

돈(물질)으로 하나님께 영광을 돌리라.

돈은 하나님의 은혜와 축복의 결과물입니다. 거듭 말하지만 내가 힘쓰고 애써서 이루어진 것이더라도 사람은 하나님께 복을 받아야 부자가 될 수 있습니다.(잠언 10:22) 자기 아이디어와 노력을 통해 번 것이라도 하나님의 허락하심 없이 주어진 것은 아무것도 없습니다. 현재 우리가 소유하고 있는 것은 모두 하나님의 은혜로 주어진 선물입니다. 그리스도인은 먹든지 마시든지 무엇을 하든지 다 하나님의 영광을 위해 살아가야 할 사람입니다. 내게 있는 것으로, 내게 주어진 그것으로 하나님께 영광을 돌리며 살아야 합니다. 하나님께 영광을 돌린다는 것은 하나님의 위엄과 명예에 걸맞은 예우를 해드리는 것을 말합니다. 하나님께 하나님 이름에 합당한 대접을 해드리는 것입니다. 내게 주신 재물이 하나님나라와 의를 위해 쓰임 받는다면 그보다 값진 일은 없을 것입니다. 그것이 가난한 사람들과 위기에 처해 있는 사람들에 대한 섬김과 봉사입니다.

삭개오는 소유의 1/2을 기꺼이 가난한 자를 위해 사용하겠다고 했습니다.(누가복음19:8) 평생을 아끼고 모은 전 재산을 기꺼이 장학금으로 드리는 분들을 뉴스를 통해 알게 됩니다. 얼마든지 자신을 위해 쓰거나 자녀들에게 남겨줄 수 있음에도 불구하고 그들 나름대로 가장 가치 있는 일이라 판단했기 때문일 것입니다. 세상에는 많은 돈을 벌어 소유하고 있지만 가치 있게 쓸 줄 모르는 사람들이 많습니다. 매일 대하는 음식일지라도 가난하고 헐벗고 굶주리는 사람들을 생각한다면 호화로운 음식조차 사치일 수 있습니다. 스스로 감동과 감격이 있는 인생을 만들어 가 보세요.

인생의 진리 중 한 가지는, 우리는 이 세상에 올 때 아무것도 가지고 오지 않았다는 것입니다. 또한 이 세상을 떠날 때도 아무것도 가지고 가지 못할 것입니다. 〈탈무드〉에서는 세상 떠날 때 가지고 가는 것 한 가지가 있는데 그것이 선행이라고 했습니다. 그러므로 하나님께서 나로 하여금 하게 하신 일, 내가 할 수 있는 일을 통해 하나님께 영광을 돌리십시오. 여러분에게 가진 것이 있다면 그것을 어떻게 하면 가장 가치있게 쓸 수 있을까를 생각하십시오. 그렇다면 하나님께서는 여러분을 성숙한 그리스도인이요 헛되지 않은 인생을 살아온 사람으로 인정하실 것입니다. 그보다 더 멋진 삶이 어디에 있을까요?

제 2부

부요한 삶을 위한
지혜

즐거운 마음으로 일하라.

그리스도인은 하나님의 영광을 위해 일한다는 자부심을 가져야 합니다. 물론 가족들의 생계를 위해 일하기도 합니다만 단순히 먹고살기 위해 일한다면 우리 인생이 얼마나 초라할까요? 사람은 누군가를 위해 일합니다. 여러분이 임금(급여)을 받으며 일하는 직장인이라면 눈가림만 할 것이 아니라 그 직장을 위해 최선을 다해 일할 수 있어야 합니다. 자기 분야의 전문가로서 전문성을 쌓아나가야 합니다. 무슨 일을 하든지 인정받는 사람이 되는 것이 중요합니다. 그것은 내 것이지 남에게 뺏기는 것이 아니기 때문입니다.

윗사람이 시키는 일만 하는 사람은 주인이 될 수 없습니다. 반대로 주인의식을 가진 사람은 언젠가는 주인이 될 것입니다. 임기응변으로 눈가림만 하거나 눈속임만으로는 직장에서 오랫동안 버틸 수 없을 것입니다. 그리스도인은 내게 주어진 일을 하나님께서 맡겨주신 일로 받아들이고 현재 하고 있는 일을 통해 전문성을 확보하고 자기계발에 최선을 다해야 합니다. 그럴 때 하나님께서 기회를 주실 것입니다.

대부분의 직장인들은 회사(고용주)를 위해 일하고 급여를 받습니다. 정부를 위해 일하고(세금, 과태료) 은행을 위해 일합니다.(융자금 이자, 신용카드 이자 등) 그리스도인은 하나님의 일을 하는 사람들입니다. 그러므로 직장에서도 모범이 되어야 합니다. 부당한 대우에도 무조건 침묵하라는 것은 아닙니다. 그렇지만 악을 도모하는 것이 아니라면 직장의 유익을 위해 일하는 자세가 필요합니다. 하나님이 모든 것을 보고 계신다는 생각을 가져야 합니다. 직장에서 직책을 부여받고 일하는 것은 당연한 것입니다. 이 세상에 힘들지 않은 일은 없습니다. 오너(owner)가 되어 사장노릇 하는 것도 쉽지 않은 일입니다.

그러므로 다른 사람들의 시선을 의식하고 자존감을 포기하거나 노동을 저주스런 것으로 여기거나 따분하고 지겨운 것으로 여기는 것은 아무 유익이 없습니다. 그것은 나 자신을 품격 없는 존재로 여기며 학대하는 것과 다를 바 없기 때문입니다. 루터의 '직업소명설'은 직업(calling)에 대한 우리의 태도가 긍정적이어야 할 것을 요구합니다. 소위 말하는 종교적 사역인 성직(聖職)만이 소중한 것이 아니라는 것입니다. 내가 하는 일은 하나님께서 맡겨주신 일이라는 생각입니다. 하나님은 현재 내가 하고 있는 그 일을 통해 영광 받으시길 원하십니다. 작은 일에 충성해 보십시오. 내가 감당할 처지가 되면 하나님께서 큰 것도 맡겨주실 것입니다. 나이들어 얻게 된 일도, 비천하게 여겨지는 일도 소중하게 생각하며 감당할 수 있다면 그것은 축복입니다.

그리스도인은 창세기의 인물 중 지혜로운 요셉을 통해 배워야 합니다. 그는 7년 풍년과 7년 흉년을 대비해 농작물을 잘 관리하여 이집트인들을 살려냈습니다. 주변 나라를 살리고 자기 가족을 살린 인물입니다. 우리는 여유가 있을 때 어려움을 대비할 수 있어야 합니다. 이것을 유비무환(有備無患)이라고 합니다. 오늘날 모든 그리스도인들은 요셉을 본받기를 기대합니다.

수중에 있는 것을 그 달의 절반도 되기 전에 다 써버리고 매달 남에게 돈을 빌리거나 부모에게 의존하며 전전긍긍하는 인생을 살기 원하십니까? 많은 사람들은 수입에 의존하며 살아갑니다. 수입보다 지출이 많으면 빚쟁이가 되는 것입니다. 그러다가 수입이 끊어지면 어느 한순간에 극빈층으로 전락하고 맙니다. 비겁하게 자살로 생을 마감하는 것만이 능사가 아닙니다. 살아남아 있는 가족들에게 평생 고통을 안겨주는 일이기 때문입니다. 간절함으로 주님께 나아가면 해결책이 있습니다. 막연한 생각으로 재산을 자녀들에게 몽땅 물려주고 땅을 치는 사람들도 적지 않습니다. 은퇴 이후를 준비하지 못하고 쓸쓸한 노후를 보내는 경우가 허다한 것도 현실입니다. 필자의 경험에 의하면 장례식장에서는 효자인 척하지만 해가 바뀌어도 부모를 찾지 않는 고약한 자녀들이 부지기수입니다. 선택은 여러분이 하는 것입니다.

아담이 에덴을 떠난 이후 인간은 누구나 땀 흘려 일을 해야 먹고살도록 지어진 존재입니다.(창세기3:19) 우리가 조상으로부터 커다란 유산을 상속받지 못했다면 사람이 가진 기본 자산은 노동력일 것입니다. 달란트 비유에서 1달란트의 금액은 약 10억 가량입니다. 그러니 스스로 별 볼일 없는 사람이라고 생각하지 마시기 바랍니다. 사람은 일을 해야 먹고살 수 있습니다. 하나님은 우리의 필요를 아시고 때를 따라 공급해 주시겠지만 그렇다고 아무 노력도 하지 않고 기다리는 것은 올바른 신앙이 아닙니다. 일하기 싫거든 먹지도 말라는 경고를 기억해야 합니다.(데살로니가후서3:10) 어떤 사람이 먹을 게

없어서 기도만 하고 있었더니 이웃집 쌀가게 가서 쌀 한 가마니 갖다 먹으라는 음성을 들었다고 합니다. 그 결과가 어찌 되었을까요?

　일하지 않고도 먹고사는 사람은 과거에 열심히 일해서 모아둔 것이 있기 때문일 것입니다. 하지만 캥거루족이나 니트족(Not currently engaged in Education, Employment or Training ; NEET)으로 살면서 부모에 의존하는 인생은 하나님의 뜻을 거스르는 삶의 방식인 것입니다. 욜로족(You Only Live Once;YOLO)으로 사는 것도 인생의 주인이신 하나님의 뜻을 따르는 것이 아닙니다. 딩크족(Double Income, No Kids;DINK) 역시 하나님의 뜻을 거역하는 인생인 것입니다. 사람이 성장과정에서 학교에 진학하고 많은 지식과 경험을 쌓는 것도 알고 보면 일하기 위해서입니다. 누구나 처음에는 서툴고 실수도 있지만 자기가 선택한 일을 신성한 것으로 여기고 긍지와 자부심을 가지며 지혜롭고 책임감 있게 그것을 감당하며 살아가는 것은 소중한 가치가 있는 인생입니다. 마이너스 인생을 살 것인지 플러스 인생을 살 것인지는 여러분의 선택에 달려 있습니다.

필자는 14살 어린 시절부터 어부 일을 시작으로 온갖 일을 하면서 팔자타령을 하고 신세한탄하는 사람들을 본 적이 많습니다. 인생의 책임을 부모나 하나님께 떠넘기고 직업을 고통으로 여기며 저주하지 말아야 합니다. 자기 인생을 스스로 무가치한 것으로 여기거나 자신의 처지를 비관하지 말아야 합니다. 주저앉아서 다른 사람을 원망하고 불평하기보다는 주어진 현실을 인정하고 현재 서 있는 그 자리에서 돌파구를 찾아나가야 합니다.

　이러한 노력이야말로 높게 평가받아야 할 가치인 것입니다. 특히 다른 사람들과의 융합과 협력을 통해 일하는 즐거움과 보람을 얻는 것이 중요합니다. 좋은 인간관계는 자신에게 큰 자산이 될 수 있습니다. 그러므로 타인을 인정하고 타인의 장점을 배우는 데 주저하지 말아야 합니다. 모든 사람과 좋은 인간관계를 가질 수는 없지만 나보다 남을 낮게 여기는 마음가짐만 있다면 서로가 축복을 빌어주는 좋은 관계를 유지할 수 있을 것입니다. 아무것도 없다고 생각지 말아야 합니다. 최소한 1달란트는 갖고 있기 때문입니다.

가진 것을 절약하여 모으고 목표를 세우라.

돈을 쓸 줄만 알지 모을 줄 모르는 사람은 힘겨운 인생을 살아갑니다. 모을 줄만 알지 쓸 줄 모르는 사람은 존경받지 못합니다. 저축을 우선순위에서 제외한다면 결코 큰돈을 모을 수 없습니다. 기간과 목표를 정해 저축하고 미래를 위해 저축할 수 있어야 합니다. 가진 것이 별로 없다고 계획 세우기를 포기하면 안 됩니다. 저축도 투자도 채무까지도 목표가 있어야 합니다. 필자는 500만 원만 있으면 무슨 일이든 할 수 있다는 생각으로 살았습니다. 부족하면 은행의 신세를 질 수도 있습니다. 언젠가는 갚을 수 있을 테니까요. 1980년 광명시에서 서점을 시작할 때는 가게 주인아주머니에게 보증금 200만 원을 준 뒤, 그 자리에서 이자를 주겠다고 사정하여 그 돈을 다시 빌린 적도 있었습니다. 결혼을 할 때도 100만 원을 빌려 결혼식을 올리고 축하금으로 모아진 100만 원을 갚으며 신혼살림을 꾸려간 적도 있습니다.

돈이 있다고 행복이 따라오는 것도 아니지만 많은 사람에게 행복을 가져다줄 수는 있습니다. 가난은 결코 자랑할 만한 것이 아닙니다. 물론 자발적 빈곤의 길을 선택한 하나님의 사역자들은 예외가 되겠지요. 교회사에서 하나님의 사역자들이 존경받아온 것은 그들이 청빈(淸貧)을 실천하며 살았기 때문일 것입니다. 자기만족과 기쁨, 배부름과 풍족함을 추구하며 살지 않고 소박한 삶을 살았다는 증거일 것입니다. 자기 가족과 핏줄만을 우선하지 않았다는 것입니다. 사역자의 길을 가는 사람은 가난을 구차한 것으로 여기지 말아야 합니다.

사람은 습관을 따라 살아갑니다. 습관이 그 사람의 인생을 좌우하기도 합니다. 절약은 좋은 습관임에 틀림이 없습니다. 그러나 과도히 아끼며 구두쇠로 사는 것 또한 바람직하지 않습니다. 냉장고에 소중한 식재료가 있어도 썩으면 버려야 합니다. 상한 음식은 건강에 해를 끼칠 수 있기 때문입니다. 과도히 아끼다가 버리게 되는 경우는 지혜롭지 못한 삶의 모습입니다. 물이나 에너지를 과도하게 사용하는 것도 칭찬 들을 일은 아닙니다. 오병이어로 5,000명이 먹고도 남은 기적이 있은 후 예수님은 제자들에게 남은 것을 거두어들이고 버리는 것이 없게 하라고 했습니다. 아무리 소비가 미덕인 세상에 살지라도 동서고금을 막론하고 절약 또한 여전히 미덕임에 틀림이 없습니다. 단, 절약하는 것도 이유와 목적이 있어야 빛을 발하게 됩니다.

　많은 사람들이 기본적인 자산형성에 어려움을 겪는 이유 중 하나는 자기도 모르게 새나가는 낭비 요인이 무엇인지를 잘 파악하지 못하기 때문입니다. 계획적인 경제생활을 하지 않기 때문입니다. 지출 요인이 무엇인지를 파악하고 쓸데없는 낭비를 줄이며 지혜롭게 살아가는 것이 필요합니다. 예를 들면 사람들은 보험에 대해 잘 알지 못하면서도 친분을 이유로 충분한 안내를 받지 못한 채 적금 개념으로 이런저런 보험을 들고 있습니다. 플래너(planner)를 자처하는 사람들이 당신을 너무나 사랑해서 다가오는 경우는 없습니다. 그들의 안내도 소비자에게 유리한 부분만 설명하고 마는 경우가 대부분입니다. 그 결과 과도한 지출이 발생하여 돈이 매월 통장에서 수돗물에 누수가 발생하듯이 빠져나가고 있습니다. 이렇듯 현명하지 못한 보험가입자들이 너무나 많습니다. 꼭 필요한 보험도 있겠지만 효용가치가 없거나 설계가 잘못된 보험에 속고 있는 사람들이 부지기수라는 것입니다. 여유가 있을 때 들어놓은 보험이 경제적으로 어려움이 닥치면 오히려 어려움을 더 가중시키는 일이 허다합니다. 이제라도 이러한 어리석은 짓을 그만두어야 합니다.

자산 형성은 나무를 심는 것과 같습니다. 채소는 상대적으로 성장하는 기간이 짧지만 과일나무는 4-5년 또는 7-8년을 기다려야 수확하는 경우가 많습니다. 지금 기분 좋게 돈을 쓰면서 즐거움을 찾고 잠시 겪는 고통을 싫어한다면 가난을 피할 수 없을 것입니다. 미래에 대한 대비는 예나 지금이나 저축이 기본입니다. 그러므로 합리적인 소비생활을 통해 부를 형성해 나가고 개인적으로는 목적을 갖고 자산을 형성해 나가는 지혜가 필요합니다. 그래서 성경적 관점에서 경제를 이해하는 공부가 필요하다는 것입니다. 어느 정도 목표를 이루었어도 산 너머에 산이 있듯이 그 뒤에는 또 다른 목표라는 산이 기다리고 있습니다. 그러므로 목표설정과 단계에 따라 행동해야 합니다.

하나님은 우리가 가진 돈의 양보다 태도에 더 관심을 갖고 계십니다. 그러므로 아무리 많은 돈을 가졌을지라도 돈은 믿고 의지할 대상이 아니라는 것을 명심해야 합니다. 성경이 부자에게 경고하고 부로 인한 역기능을 지적하는 것은 부자가 됨으로 인해 재물을 하나님처럼 의지하게 되고 교만하게 되어 믿음에서 떠날 위험성이 높기 때문입니다. 돈을 의지하는 것은 패망의 지름길입니다.(잠언11:28) 돈이 주는 만족감에 취해서 자기 영혼을 돌보지 않는 사람은 이 세상에서 가장 어리석은 사람입니다.

성실함은 소중한 자산입니다. 목표를 세우고 기록하고 수시로 점검하는 것은 지혜입니다. 목적은 그대로일지라도 목표는 얼마든지 수정할 수 있기 때문입니다. 이를 위해 특히 매사를 기록하는 습관은 필수입니다. 절약으로 인해 살아가는 현실만을 생각한다면 현재의 삶이 좀 초라하게 보일 수도 있을 것입니다. 중단하거나 포기하고 싶은 생각이 들 때도 있을 것입니다. 그렇지만 모든 것은 과정입니다. 현재의 쾌락이나 즐거움보다 미래를 바라보며 인내하는 순간들이 있다면 훗날에 흐뭇한 추억이 될 것입니다. 목표에 도달하기까지 희생을 감내하는 것이 필요합니다. 게으름을 벗어버리고 백해무익한 술과 담배, 세상 쾌락도 끊고 기도하면서 끊임없이 절제하며 자기를 다스린다면 반드시 목표 그 이상의 성과를 거둘 수 있을 것입니다.(잠언21:17,21,25)

성공모델을 찾아 벤치마킹하라.

성공한 사람들을 만나보십시오. 그냥 저절로 부자가 된 사람은 동화 속 이야기 말고는 없습니다. 로또에 당첨되어 부자가 된 사람도 있습니다. 하지만 그 일로 인해 행복하게 사는 사람은 흔하지 않습니다. 성공한 사람을 단편적으로 보고 돈벌레라 비난하고 판단할 일이 아닙니다. 성공한 사람들의 이야기에 집중하고 주의를 기울일 필요가 있습니다. 성공한 사람은 분명 나름대로 남다른 면을 지니고 있을 것이기 때문입니다. 그들의 도전 정신과 절제와 인내와 끈기와 포기하지 않는 근성과 열정과 지혜를 기꺼이 배워야 합니다. 필자는 인사만 잘해도 먹고사는 데 지장이 없다는 말을 잘합니다. 안녕하세요? 감사합니다. 덕분입니다. 죄송합니다….

책을 통한 간접적인 체험도 얼마든지 좋습니다. 남의 경험과 지혜를 무가치한 것으로 여기고 자기 고집만을 내세우는 사람은 성공할 수 없습니다. 설령 성공한다고 해도 그 기간이 길지 않을 것입니다. 성경은 개미에게 가서라도 배우라고 말씀합니다. 부자들의 다양한 성공담에 귀기울여 보십시오. 부자들의 습관과 노력에 대한 책을 될 수 있는 한 많이 읽어 힌트를 얻고 탐색해 보십시오. 반드시 길을 찾게 될 것입니다.

　지금, 인생의 힘든 여정을 지나고 계신 분이라면 꼭 기억하십시오. 힘들고 어려운 연단의 과정도 언젠가는 끝이 나게 된다는 것입니다. '이 또한 지나가리라~' 이러한 생각으로 잘 참고 이겨내야 합니다. 인생의 큰 그림을 그려 나가려면 주위의 잡음이나 작은 시련에 낙심하고 포기해서는 안 됩니다. 신기루를 따라가는 사람들이 있습니다. 파랑새를 쫓아가는 사람들도 있습니다. 쉽게 부자 되는 방법론에 몰두하거나 빚 테크나 영끌로 인해 갑자기 위기상황에 몰리기도 합니다. 한두 번 실패했다고 극단적인 생각을 하는 사람은 바보입니다. 평탄한 길만 걸어가는 인생은 없기 때문입니다.

　실패는 여전히 성공의 어머니입니다. 실패가 성공의 어머니인 것은 속담이 아니라 진리입니다. 실패를 교훈 삼아 다시 일어서면 됩니다. 실패가 모여 성공이 되는 것이기 때문입니다. 실패는 성공으로 가는 과정일 뿐입니다. 학문에 왕도(王道)가 없듯이 재물을 모으고 부자가 되는 길도 왕도가 있는 것은 아닙니다. 그러므로 다른 사람들보다 더 갈망하며 기도하고 지혜를 구하고 길을 찾으려고 노력하면서 좀 고생스러워도 그 일을 지속하여 목표에 도달하기까지 최선을 다하는 여러분이 되시기를 응원합니다.

성경은 미래의 도전을 앞두고 있는 사람들에게 강하고 담대하라고 일러줍니다. 가나안 땅은 약속되어 있었지만 그것을 정복해 나가는 과정은 치열한 전투를 통해 승리할 때 비로소 주어졌다는 것을 잊지 말아야 합니다. 내 주변에는 사람이 없다고 탄식하지 말고 멘토(mentor)가 되어줄 만한 사람을 찾으십시오. 하지만 사람들에게 너무 기대를 걸거나 올인하지는 마십시오. 부모나 친척이나 친구도 마찬가지입니다. 하나님만이 여러분의 편이 되시니까요. 소망하는 바를 꿈꾸며 그것이 이루어질 순간의 임계점까지 잘 이겨내며 나아가는 인내가 중요합니다. 자기 자신과의 싸움에서 승부사의 기질을 발휘할 수 있어야 합니다. 그래야 인생의 승리자가 될 수 있습니다. 여러분이 스스로가 바라고 찾던 그런 사람이 되십시오. 그 사람이 큰바위얼굴일 테니까요.

부요한 삶을 살아가는 그리스도인들은 늘 명심해야

합니다. 돈 있는 사람들 주변에는 사람들이 모여듭니다. 기가 막히게 돈 냄새를 맡고 찾아오는 사람들이 생겨납니다. 별의별 이야기를 통해서 현혹하는 일들이 발생합니다. 중요한 것은 그들 중 누구도 여러분을 사랑해서 찾아온 사람은 없다는 것입니다. 히스기야 왕처럼 곳간을 다 열어 보여줄 필요는 없습니다. 마음을 다 열어보이는 것도 지극히 어리석은 행동입니다. 뿐만 아니라 하나님께서 많은 것을 맡겨주셨다는 사실을 인정하고 청지기로서의 큰 책임을 부여받았다는 사실을 잊지 말아야 합니다. 손을 내미는 사람들이 불나방처럼 달려들어도 선심 쓰듯 할 것이 아니라 오직 하나님의 선한 사업에 인색하지 않도록 최선을 다하는 모습을 가져야 합니다. 오른손이 한 일을 왼손이 모르게 하면서.

자기 자신은 온갖 풍상을 다 겪었다고 해도 선한 일에 부요한 사람이 되어 나누는 기쁨을 만끽하며 살아야 진정 행복한 부자인 것입니다. 그럴 때 존경받는 부자의 위치에서 많은 보람 있는 일들을 해나갈 수 있게 될 것입니다. 선한 사업도 지혜롭게 할 필요가 있습니다. 때로는 통 큰 부자가 될 필요가 있습니다. 하나님은 용기 있는 부자들의 헌신을 간절히 기다리고 계시기 때문입니다. 하나님은 그 일을 여러분을 통해 하시기를 기대하시는지도 모릅니다. 인류의 2/3는 빈곤과의 싸움을 지속하며 생명을 부지하는 사람들입니다. 생명의 복음을 듣지 못한 사람들도 부지기수입니다.

정당한 부를 창출하라.

하나님은 정당한 부를 인정하실지라도 불의한 부에 대해서는 책망하시고 심판을 경고하고 있습니다.(예레미야17:11, 아모스2:6, 잠언13:11) 하나님은 항상 가난한 자의 편이십니다. 하나님의 대변인 격인 선지자들은 시대마다 등장하여 부자와 권력자들의 착취와 사치, 교만과 악행에 대해 책망하고 경고하며 가난한 자들은 사회적으로 보호받아야 할 것을 가르치고 있습니다.(신명기24:14-15, 이사야5:8,23, 예레미야22:13, 잠언28:3, 야고보서5:4) 그 시대인들이 하나님의 정의를 실천하기 위해 노력하는 사람들이었다면 선지자들의 목소리도 그리 높지 않았을 것입니다.

예로부터 부자들은 가난한 사람들을 억압하고 착취하며 자기 욕심을 채우려고 멸시하고 천대하는 경향이 있었습니다. 진보적인 생각을 가진 사람도 기득권층이 되면 보수적인 사람으로 변하고 맙니다. 공직에 있는 사람들은 부정부패와 청탁과 이권개입과 정보에 대한 도둑질을 계속해 왔습니다. 이제라도 멈추어야 합니다.(에베소서4:28) 우리 사회에는 도둑들이 들끓어도 문제해결 하나 제대로 못하는 공직자들로 가득합니다. 샐러리맨으로서 자리만 지키고 있는 자들은 스스로 옷을 벗어야 합니다. 우리의 현실이 답답하고 기분이 산뜻하지 못한 것은 깨끗지 못한 사람들이 공직에 있으면서 국가의 지도자 행세를 하며 존경받기를 원하고 있다는 사실 때문입니다.

돈의 권세를 가진 기업가들은 생계를 위해 품삯을 받고 일하는 노동자들의 임금(급여)을 제때 지급할 수 있어야 합니다. 품삯을 고대하고 수고하는 근로자들을 억울하게 하지 말아야 합니다. 성경의 비유에서 포도원 주인이 먼저 온 사람이나 나중에 온 사람 모두에게 한 데나리온씩 지급한 이유를 알아야 합니다. 성경적 부의 원리에서 떠나 부당이익, 뇌물, 청탁 등 불의한 방법에 의한 부의 축적은 하나님을 원수와 대적으로 만드는 어리석은 행위일 뿐입니다.(잠언13:11)

우리 사회에는 IMF 외환위기 이후 생겨난 비정규직으로 차별받는 사람들이 여전히 많이 있습니다. 교회의 헌금이 담임목회자에게만 집중적으로 지출되고 부교역자들은 형편없이 대우하면서 그것을 당연한 것처럼 여기는 풍조 역시 사라지지 않고 있습니다. 부자를 증오하거나 가난하다고 하여 열등감과 소외감을 가지는 것은 그리스도인의 바람직한 삶의 태도가 아닙니다. 조금 가졌다고 우쭐대는 졸부의 모습을 보이는 태도 역시 바람직하지 않습니다. 빈부를 초월하여 겸손히 하나님께 순종하는 삶이 아름답고, 범사에 감사하는 사람이 되는 것이 중요합니다.(잠언15:16)

경제적으로 독립하라.

부모에게 의존하거나 상속을 기대하고 노력하지 않는 것은 자기를 속이는 결과를 가져올 것입니다. 국가에 의존하는 삶도 바람직한 삶의 모습은 아닙니다. 수고하여 얻은 자산이 어느 일정한 단계에 도달하면 경제적인 독립을 이루어야 합니다. 이때 모아놓은 자산은 내 인생을 든든하게 뒷받침해주는 역할을 할 것입니다. 어느 정도 저축이 이루어지면 돈이 나를 위해 일하기 때문입니다.

오늘날에는 신분제도는 없으나 빚에 쪼들리지 않고 여유롭게 사느냐 빚에 쪼들리며 사느냐에 따라 신분이 나뉘는 것 같습니다. 어려울 때 내 편이 되어 경제적 독립에 절대적인 역할을 하는 곳은 금융기관입니다. 금융기관을 든든한 스폰서로 활용하려면 가장 중요한 것이 신용입니다. 어떠한 경우에도 약속을 지키며 스스로를 믿을 만한 사람으로 만드는 과업은 그 무엇보다 우선적으로 해야 할 일입니다.

캐서린 폰더의 '경제적인 독립 원칙' 아홉 가지를 소개하면 다음과 같습니다.

1. 경제적인 독립을 결심했다면
   그 결과를 마음으로 그려보라.
2. 내가 진정으로 원하는 바를 마음속으로 그려라.
3. 마음에 품은 계획을
   아무에게나 함부로 말하지 말라.
4. 크든 작든 부와 성공을 위해
   필요한 것을 실천하라.
5. 바라는 결과가 즉시 나타나지 않는다고 해서
   불안해하거나 당황할 필요 없다.

6. 마음속으로 경제적인 독립이 이뤄지는 것을
   상상하라.
7. 꿈이 마음에서 이미 실현되었다는 것을 명심하라.
   성공과 부는 상상한 것만큼 현실에서 가시화된다.
8. 다른 사람들이 경제적인 독립을 이루었다면
   당신도 할 수 있다.
9. 부를 위해 필요한 물질은 이미 세상에 존재하고 있다.

하나님의 부를 상속하라.

　하나님께 드리는 예물(헌금)과 선행에 인색하지 마십시오. 믿음으로 성공한 사람들의 방식을 삶에 적용해 보십시오. 그리스도인들은 의식주 문제는 하나님이 해결해 주실 줄 믿고 가장으로서 가족을 위한 책임을 다하되 선한 사업을 위해서 목적을 갖고 돈을 벌어야 합니다. 사도 바울은 에베소교회 장로들에게 주는 것이 받는 것보다 더 복되다는 말씀을 전하면서 겸손과 기도와 인내로 사역을 감당하였다고 했습니다. 금이나 은이나 의복을 탐내기보다 금전적 필요를 충당하기 위해 일하면서 사역을 감당했노라고 털어놓았습니다. 그리스도인은 의식주뿐만 아니라 약한 자들을 돕기 위해 일해야 한다는 필요성을 역설했습니다.(사도행전10:17-35) 이 얼마나 위대한 생각입니까?

그리스도인 역시 돈 버는 법을 배워야 할 것입니다. 최소한 10권 이상의 관련된 책을 읽고 내 것으로 만들어 보십시오. 유대인의 삶을 통해서도 돈 관리를 제대로 할 줄 아는 법을 배울 수 있을 것입니다. 버는 것보다 쓰는 것이 더 많은 빚 가운데 사는 삶이라면 잘못된 소비 습관을 당장 뜯어고쳐야 합니다. 선한 사업을 위해 하나님께 구별해야 할 것은 양심껏 구별하여 드릴 수 있어야 합니다. 아낄 때는 아끼고 써야 할 때는 제대로 쓸 줄 아는 사람이 되어야 할 것입니다. 현재 내가 가진 것이 많지 않더라도 하나님께 드림에 인색하지 않기를 바랍니다.(말라기1:13) 주 안에서 자족하는 삶을 살아야 합니다.(빌립보서4:12) 하나님을 감동시켜 보십시오. 그렇다면 중심을 보시는 하나님은 반드시 복된 길로 인도해 주실 것입니다.(잠언14:21,19:17)

하나님께 드려진 재물을 다루는 교회의 재정담당자도 두렵고 떨리는 마음으로 하나님의 뜻이 무엇인지를 찾고 기도하면서 재정을 사용할 수 있어야 합니다. 하나님께 드려진 예물이 가난한 성도들의 피와 땀이라는 것을 잊어버린다면 그것이 곧 타락입니다. 사례비가 적다고 불평하는 사역자들도 많을 것입니다. 그렇지만 평생을 사례비 없이 봉사하는 사역자들도 있다는 것을 기억해야 합니다. 우리 교회의 재정이 넉넉하다고 해서 우리 교회에 주신 복이니 누리기만 하면 된다는 생각은 위험한 것입니다. 대형 교회가 사회적 지탄을 받는 이유가 있습니다. 사회적 책임을 다하지 않기 때문입니다. 주님께서 지켜보고 계시다는 것을 깨달아야 합니다. 지구상의 모든 교회가 주님의 교회라는 사실을 망각한다면 교회의 문을 닫아야 합니다. 농어촌교회의 60% 이상이 미자립교회라는 사실도 잊지 말아야 합니다.

제3부

재물을 얻기 위해
어떻게 해야 할까?

돈에 대한 지식을 갖추라.

돈은 물과 공기처럼 사람이 세상을 살아가는 데 있어 필수적인 요소라고 할 수 있습니다. 그것은 삶의 충분조건은 되지 못해도 필요조건이자 생활의 도구이며 방편입니다. 현실세계에서 많은 사람은 돈 때문에 어려움을 겪기도 하고 추악한 민낯을 드러내기도 하며 가족을 헤치는 일까지도 서슴지 않는 사건이 벌어지기도 합니다. 돈이 없으면 심리적으로 불안이 찾아오고 사람대접을 받지 못하기도 합니다. 돈이 있으면 그것이 주는 유익이 큽니다. 돈이 할 수 있는 역할이 많고 다양하다는 뜻입니다. 미국의 부호였던 록펠러(John D. Rockefeller, Jr)는 돈은 배고픔을 채워줄 수 있고 병든 자를 치료할 수 있고 사막에 꽃을 피울 수 있다고 했습니다. 돈이 있으면 원하는 물건을 살 수도 있고 일에 매달리기보다 타인의 노동력을 통해서 편리함을 얻게 되고 여행을 한다든지 여유로운 삶을 살아갈 수 있습니다.

자본주의 사회에서 돈은 사람의 능력을 환산하는 기준이 되기도 합니다. 소위 연예인이나 스포츠 선수들의 몸값이라는 것이 그것입니다. 직장에서 받는 급여수준도 그 사람의 가치에 대한 평가기준이 되기도 합니다. 그렇지만 돈은 행복의 조건이 될 수 없습니다. 행복을 보장해 주는 것이 아닙니다. 참된 만족을 주지도 못합니다. 그것을 애타게 갈망하는 사람은 영원히 갈증을 채울 수 없을 것입니다. 스포츠 선수에게 몸값을 책정하듯 돈이 사람에 대한 평가기준이나 평판으로 작용하기도 하지만 경제력이 사람을 평가하는 절대기준이 될 수는 없습니다. 그런 의미에서 잘 먹고 잘 사는 모습만 비추어 주는 한국의 텔레비전 프로그램은 달라져야 할 것입니다. 여러 주어진 상황으로 인해 가난에서 벗어날 수 없는 사람도 얼마든지 있기 때문입니다. 공동체의식이 약화되고 각자도생을 외치며 시장경제 원칙에만 의존한다면 가난한 사람은 살아남을 수 없게 되고 말 것입니다.

종교개혁자 칼뱅은 돈을 사랑하는 것이 일만 악의 뿌리이지만 돈을 버는 것은 악이 아니라고 했습니다. 이러한 사상이 자본주의의 출발점이 된 것입니다. 돈은 그 자체로 선한 것도 아니고 악한 것도 아닙니다. 사람에게 문제가 되는 것은 돈 그 자체가 가진 문제가 아니라 돈에 대한 인식과 태도일 것입니다. 돈을 절대화하고 신처럼 여기는 사람은 재물만 추구하다가 허망하게 인생을 마감하게 될 것입니다. 돈을 좀 가졌다고 교만한 생각을 가지거나 우월감을 가지는 것은 바람직한 태도가 아닙니다. 돈이 없다고 해서 비굴해 하거나 돈을 가진 사람을 증오하거나 시기하는 것도 바람직한 태도가 아닐 것입니다.

소위 선진국이라는 나라들의 행태는 갈수록 존경의 대상에서 멀어지는 듯합니다. 다국적 자본으로 빈곤 국가들을 쥐락펴락하고 있기 때문입니다. 돈(자본)을 기준으로 보는 시각이 보편화된 세상에서 빈곤한 국가는 열등한 국가로 취급되기도 합니다. 돈의 역기능과 위험성이 여기서부터 시작되는 것입니다. 기계를 다룰 줄도 모르면서 무턱대고 일에 뛰어들면 사고가 발생할 위험성이 큽니다. 그러므로 그리스도인은 돈의 순기능과 역기능 곧 돈의 위험성까지도 알아야 합니다. 자본주의나 사회주의의 문제점이 무엇인지도, 그것을 보완하기 위한 복지정책을 어떻게 꾸려 나가야 할지에 대해서도 성경적 관점이 필요합니다.

우리나라의 학교에서는 학문적, 기술적 지식은 잘 가르치지만 돈에 대해서 가르치는 경제교육은 아직까지도

일반화되지 못하고 있습니다. 책상 앞에서 배우는 것만이 지식이 아닙니다. 국가의 경제가 어려움을 당하는 이유는 돈을 제대로 모르는 사람들이 정책을 집행하기 때문입니다. 돈은 사람의 생존과 직결되어 있습니다. 사람은 평생을 물질과 떨어져 살 수 없는 존재입니다. 그러므로 돈에 대해서 배워야 하고 그것을 가르쳐야 합니다. 돈은 그 자체로 위력을 가지고 있습니다. 그러므로 국가의 재정 관리는 아무리 강조해도 지나치지 않을 것입니다. 그리스도인은 돈의 작용과 움직임과 쓰임새를 배워서 돈을 제대로 사용할 수 있어야 합니다. 물질만능의 시대에, 갈수록 물질이 지배하는 비중이 커져만 가는 세상에서 돈에 대한 지식은 IT나 챗GPT에 대한 지식 못지않게 반드시 필요한 것입니다. 그러므로 개미에게도 배우고 성공한 사람과 성공한 나라에게서도 배워야 합니다.

"우선 먹기에는 곶감이 달다"는 속담이 있습니다. 용돈을 주면 편의점으로 달려가는 아이는 습관을 달리하도록 해야 합니다. 돈이 내 주머니에 오래 머물러 있지 못하고 금방 소비해 버리는 사람은 절대로 부자가 될 수 없기 때문입니다. 제아무리 돈이 좋다고 해도 다단계 사업이나 불로소득을 조장하는 세력들을 막연한 환상을 품고 따라가는 것은 소가 도축장으로 끌려가는 것과 같습니다. 내 재물을 훔치려는 보이스 피싱 세력들은 오늘도 진화된 방식으로 온갖 짓을 서슴지 않고 벌이고 있습니다. 단지 데이터에 불과한 가상 암호화폐, 이른바 비트코인(Bitcoin)의 광풍에 휩싸여 살아가는 사람들도 있습니다. 일희일비하며 하루 종일 주식 시세표에서 눈을 떼지 못하고 살아가는 사람들도 있습니다. 그리스도인은 이제라도 허망한 일에서 손을 떼야 할 것입니다. 이런 사람들이 잘되고 큰소리치는 세상이 온다면 생각만 해도 끔찍합니다.

많은 사람이 돈에 대한 불안과 두려움 속에서 시달리며 살아갑니다. 욕망의 유혹으로부터 자유롭지 못하고 스스로를 불행하게 생각하거나 무지로 인해 두려워하며 살아갑니다. 많은 빚에 쪼들려 신음하거나 돈에 지배당하며 돈의 노예로서 살아갑니다. 그러다가 감당할 수 없는 상황이 되면 절망적인 선택을 하기도 합니다.

일반적으로 어려움에 직면한 사람들을 보면 대체로 수입보다 지출이 많습니다. 절약할 줄 모르고 절제할 줄 모르기 때문입니다. 소비생활을 지혜롭게 하지 못하기 때문에 임금(급여)에 대해 항상 불만족하며 살아갑니다. 여러분은 어떠한가요? 현재에 만족할 수는 없어도 미래를 설계하며 준비하면서 오늘을 살아갈 수 있어야 할 것입니다. 특히 사회초년생들에게 부탁합니다. 첫술에 배부를 수는 없습니다. 시련의 과정을 겪지 않고 피는 꽃은 없습니다. 그러므로 겸손히 배우는 자세로 나서되 비굴하지 말아야 합니다. 거짓과 불의의 방법으로는 성공할 수 없다는 생각을 가져야 합니다.(잠언16:8) 당장의 문제해결에 급급한 상황이라 할지라도 경제문제에 대한 중장기 계획을 세우고 미래를 준비할 수 있어야 할 것입니다. 준비하며 기다리는 사람에게 기회는 찾아올 것이기 때문입니다.

합당한 대가를 지불하라.

재물에 대한 긍정적인 생각이 있어야 합니다. 생각의 차이가 내 인생의 판도를 결정하기 때문입니다. 그냥 열심히 한다고 되는 것이 아닙니다. 재물을 얻기 위해서는 두뇌(아이디어)와 땀(노력)과 자기계발을 위해 노력하는 자세가 필요합니다. 성실하고 부지런하며 친절한 사람으로 변화시켜 나가야 합니다. 진실하고 신용 있는 사람으로 개조해 나가야 합니다. 이것들 없이는 재물은 저절로 축적되지 않습니다. 불필요한 지출, 충동구매 등 금전의 오용과 남용 역시 피해야 할 적(敵)입니다. 내가 사용할 수 있는 범주에서 소비하고 살아가는 절약과 절제가 생활화되어야 합니다.

타인의 성공 역시 거저 된 것은 아니라는 사실을 인정하고 합당한 대가를 지불할 준비를 해야 합니다. 부자는 호박이 넝쿨째 굴러 들어와서 부자가 된 것이 아닙니다. 부를 얻기 원한다면 먼저 부자들을 별것 아닌 사람으로 치부하지 말아야 합니다. 저절로 부자가 된 사람은 한 사람도 없다는 사실을 알아야 합니다. 그들은 일정한 단계나 목표에 이르기까지 절약하고, 사치와 낭비(과소비)를 멀리하고 때로는 참고 인내하며 위험부담을 안고 도전했던 사람들입니다. 자동차 왕 포드(Henry Ford)나 현대그룹 창업주 정주영 회장이나 대림산업 창업주 이재준 회장의 에피소드는 우리에게 시사하는 바가 큽니다.

외상이면 소도 잡아먹는다고 합니다. 뱁새가 황새를 따라갈 수는 없습니다. 소비를 부추기는 세력에 휩쓸리지 않는 것이 중요합니다. 세상은 변해도 변하지 않는 원리는 '절약은 부를 축적하는 길이요, 부를 유지하는 비결'이라는 것입니다. 로또(lotto)복권에 희망을 걸거나 공돈을 바라거나 한 방(일확천금)을 꿈꾸지 말아야 합니다. 예나 지금이나 땀 흘려 일해서 번 돈만이 진정한 가치가 있기 때문입니다. 쉽게 돈버는 길을 찾다가 잘못된 선택으로 인생을 망치는 일은 오늘도 계속되고 있습니다. 악인의 형통을 부러워하지 말아야 합니다.(잠언21:27,23:17,24:1) 망령되이 얻은 재물은 줄어가고 손으로 모은 것(재산)은 늘어간다는 것이 성경의 가르침입니다.(잠언13:11) 공의의 하나님은 그의 의로우심을 최후 심판 때까지 나타내실 것입니다.

어릴 때부터 돈에 대한 지식을 가르치라.

지난날 부모들은 흔히 돈은 중요하지 않으며 공부만 잘하면 된다고 생각했습니다. 그러나 한때 베스트셀러였던 《부자 아빠와 가난한 아빠》에서 저자는 부자가 되려면 어릴 때부터 금융에 대한 지식의 기초를 배워야 한다고 말하고 있습니다. 지극히 옳은 판단입니다. 어릴 때부터 돈을 어떻게 벌어야 하는지를 알려주고 돈 쓰는 법을 가르치는 것은 꼭 필요한 일입니다. 일평생 경제활동을 하며 살아야 하는 자녀에게 경제교육은 어느 과목 못지않게 중요한 것이기 때문입니다. 자식이 우상이 되어 자녀를 위해 무분별한 소비를 일삼는 가정도 많고 사교육에 몰두하며 무거운 짐을 지우는 가정도 많습니다. 하지만 그것은 자식을 사랑하는 것이 아니라 망치는 길인지도 모릅니다.

돈은 선한 요소도 있지만 악을 내포하고 있으며 그것으로 인해 우월감을 갖거나 열등감을 갖게 할 수도 있습니다. 어릴 때부터 돈을 모으는 법과 쓰는 법을 가르쳐야 합니다. 눈에 보이는 대로 욕심을 부리기보다 자기의 원하는 바를 얻기 위해서 저축하며 인내하며 기다리는 법을 배워야 합니다. 사치하고 낭비하기보다 절약하며 구제하는 법을 가르쳐야 합니다. 돈의 필요성과 유용함을 가르치되 돈의 위험성과 돈으로 인해 발생하는 악에 대해서도 알려주어야 합니다. 사탄은 돈을 통해 하나님과의 관계를 깨뜨리고 믿음에서 떠나게 하는 일을 쉴새 없이 계속하고 있기 때문입니다.

그리스도인은 자산과 부채의 차이를 알아야 합니다.

그리고 내 자산을 만들어야 합니다. 나무가 뿌리내리는 것처럼 목적을 갖고 몇 해 동안만 절약하며 기다린다면 일정한 자산을 모을 수 있을 것입니다. 그것은 처음에는 구차해 보여도 우리 인생에 든든한 버팀목이 되어줄 것입니다. 일정한 자산은 우리가 어떤 시도를 할 수 있는 종잣돈(seedmoney)이 되거나 강을 건너는 배의 역할을 해줄 수도 있을 것입니다. 그러므로 돈을 모아야 되는 이유를 알고 목적을 갖고 내 자산을 만들어야 합니다. 그래야 기회가 오면 무엇인가를 시도할 수 있는 자본이 될 수 있을 것이기 때문입니다. 자산을 형성하여 돈이 나를 위해 일할 수 있도록 만들어야 합니다. 돈문제, 개인의 경제문제는 자신의 미래를 설계하는 데 필수적입니다. 그러므로 계획을 세우고 성공적인 길을 모색하고 그 길을 가야 합니다. 물론 하나님의 도우심은 절대적이기 때문에 기도를 멈추지 말아야 합니다.

일반적으로 가난에서 벗어나지 못하는 사람들은 부채가 줄어들지 않는 마이너스 인생을 살아갑니다. 잘못된 소비습관과 단절하지 못하고 과다한 소비성향으로 인해 평생 땀 흘려 열심히 일해도 부채문제를 해결하지 못하고 살아갑니다. 열심히 노력해도 이것저것 지출하고 나면 남는 것이 없습니다. 서양 속담에 "바보에게 돈이 생기면 더 바보가 된다"는 말이 있습니다. 돈을 관리할 줄 아는 것이 능력이요 부자로 살아갈 수 있는 기본자세를 갖추는 길입니다. 인생은 막연하게 열심히 일하는 것만으로는 충분하지 않습니다. 경제학자들이 데이터를 분석하고 미래를 예측하듯이 시대를 분별하고 상황을 파악하며 내가 할 수 있는 것이 무엇인지를 결정하는 지혜가 있어야 합니다. 하나님께 지혜를 구하십시오.

제4부

어떤 부자가
되어야 할까?

《행복한 부자를 위한 5가지 원칙》에서 김동호 목사는 다음과 같이 제시한 바 있습니다. 이러한 원칙에 따른 경제생활이 행복한 삶에 필수적이라는 것입니다.

제1원칙. 돈에 매여 살지 말고 돈을 지배하며 살라.
제2원칙. 정직은 신용이 되고 신용은 돈이 된다.
제3원칙. 깨끗한 빈자(貧者)가 아닌
　　　　　깨끗한 부자로 살라.
제4원칙. 내가 벌었다고 다 내 돈이 아니다.
제5원칙. 진정한 삶의 행복은 소유가 아니라
　　　　　존재가 결정한다.

아마 공감이 가는 부분도 있고 공감이 가지 않는 부분도 있을 수 있습니다. 신앙의 수준과 척도에 따라 감당할 수 있는 부분이 각기 다를 수 있기 때문입니다. 중요한 것은 한 가지라도 내 마음에 와 닿는다면 그것을 일상생활에 접목하여 내 것으로 만드는 일입니다. 그렇게 하는 것이 나를 유익하게 하는 지름길이 될 것입니다.

존경받는 부자가 되라.

구약 족장시대의 인물 아브라함이나 욥은 눈앞의 이익보다 하나님의 주권을 인정하고 하나님의 약속을 믿었습니다. 그리스도인은 돈을 버는 목적이 있어야 합니다. 물론 가난을 극복하는 것도 중요합니다. 국가에 의지하며 사는 것이 자랑일 수 없습니다. 단지 잘 먹고 잘 사는 것이 전부라면 출발부터 잘못입니다. 그리스도인은 내가 노력해서 번 것일지라도 하나님이 맡겨주신 것이라는 생각을 가져야 합니다. 그것이 바로 청지기 정신입니다.

이 세상에는 선한 청지기와 악한 청지기가 있습니다. 충성된 청지기와 불의한 청지기가 있습니다. 겉모습은 비슷할지라도 인생의 나중이 크게 달라지는 것입니다. 예수 그리스도는 "많이 받은 자에게는 많이 요구할 것"이라 했습니다. 세상에는 돈 많은 부자는 많지만 존경받는 부자는 많지 않습니다. 여러분은 존경받는 부자가 되십시오. 고리대금으로 가난한 사람들을 짓밟거나 세금 탈세와 자녀상속에 몰두하는 사람은 존경받는 부자가 될 수 없을 것입니다. 세상이 어찌되든 말든 자기 이익의 극대화만을 꿈꾸는 사람도 존경받는 부자가 될 수 없습니다. 개같이 벌었을지라도 정승같이 쓸 줄 아는 사람이라야 존경받는 부자가 되는 것입니다.

재물의 존재이유는 인간의 필요를 채우는 것입니다. 재물을 하나님처럼 의지하거나 재물만 있으면 모든 문제를 다 해결할 수 있다고 생각하는 것은 위험합니다. 성경은 재물이 많은 것만으로 죄가 된다고 하지 않습니다. 가난하게 사는 것이 축복이라고도 가르치지 않습니다. 부자가 천국에 들어가기 어렵다는 말씀은 부자들을 이유 없이 정죄하는 이야기가 아닙니다. 성경이 경고하는 것은 착취나 뇌물, 탈세, 부당이익 등을 통해서가 아닌 재물을 정당하게 얻은 것이냐 하는 문제인 것이고, 재물을 얻은 후에 그것을 하나님처럼 섬기며 의지하는 문제의 심각성을 이야기하는 것입니다.

하나님과 재물을 겸하여 섬길 수는 없습니다. 부자가 책망을 받는 이유는 자기 욕망충족과 육신의 쾌락만을 위해 살아가는 데만 급급하고 청지기의 사명을 망각하기 때문입니다. 그래서 예수님은 부자가 천국에 들어가기가 약대(낙타)가 바늘구멍을 통과하는 것보다 어렵다고 하신 것입니다. 이 말씀은 물질의 우상화를 경고하는 것입니다. 그리스도인은 재물 없이 가난하고 구차하게 살아가는 삶에서 벗어날 수 있도록 하나님께 지혜를 구하고 어떤 노력을 기울여서라도 가난에서 탈피하려는 각오와 결단을 해야 합니다.

물론 어쩔 수 없이 가난한 나라도 있습니다. 국민들 개개인 역시 가난에서 벗어날 엄두를 내지 못하는 나라도 많습니다. 지구상에는 많은 자원을 가졌으나 사회구조적으로 부정부패가 만연하여 가난에서 벗어나지 못하는 나라들이 많습니다. 특정 지역을 지칭하는 말이었지만 가히 자원부국의 저주일 수 있습니다. 남미의 여러 나라에서 볼 수 있듯이 국가지도자들의 부정부패가 가장 큰 이유일 수도 있습니다. 이 나라들은 선진국에게 강탈당하고 착취당하다가 독립하였어도 홀로 일어설 힘을 가지지 못하는 어려움에 처해 있습니다. 청교도의 신앙적 토대 위에 건설된 미국을 비롯한 선진국들도 자국 우선주의를 내세우며 존경받기를 포기한 나라들이 되어가고 있습니다.

신체의 질병이나 장애로 인해 경제활동을 할 수 없는

경우라든가 전쟁이나 천재지변 등으로 어려움을 당하는 경우에도 도움의 손길이 없이는 홀로서기를 할 수 없습니다. 성경이 말하는 고아나 과부나 객(이민자, 나그네)은 가족을 위해 경제활동을 할 수 있는 가장을 잃었거나 전쟁이나 자연재해로 고국이나 고향을 떠난 사람들입니다. 국가나 교회나 사회공동체는 이들이 다시 일어설 수 있도록 배려해야 합니다. 이들을 돕지 않으면 생존의 문제가 생겨나기 때문입니다.

사람들은 부자로 살아가는 것을 갈망합니다. 가난을 좋아할 사람은 아무도 없을 것입니다. 오랫동안 가난을 저주로 생각하기도 했습니다. 그렇다고 누구나 부자가 되는 것은 아닙니다. 재물이 많으면 행복이 따라올 것 같지만 부자가 되었다고 해서 행복이 보장되는 것도 아닙니다. 오히려 양심을 버리고 범죄하고 타락의 길로 빠질 수도 있으며, 일평생 양심의 고통을 안고 살아가는 경우도 허다합니다. '참된 부자'라는 말이 가능할지 모르겠지만 부자가 되기를 원한다면 '목적이 있는 부'를 추구할 수 있어야 합니다. 부자가 된 후에는 그 부를 잘 관리할 수 있어야 합니다. 그래야 존경받는 '성공한 부자'로 살아갈 수 있을 것입니다.

돈이 인생의 목적이나 소망이 될 수 없다.

돈이 인생의 목적이나 소망이 될 수 없습니다. '어리석은 부자'의 실패 이유가 여기에 있습니다. 육신을 위해 쌓아놓고 배부름과 쾌락을 위해 사는 삶은 지속될 수 없습니다. 영혼을 위해서는 아무것도 투자한 것이 없기 때문에 영적 빈곤상태에 있다가 어느 날 갑자기 이슬처럼 사라지게 되는 것입니다. 돈은 필요한 것이고 소중한 것이지만 그것만으로는 참된 만족을 누릴 수 없습니다. 돈에 대해 부정적인 사람이 부자가 될 수는 없을 것입니다. 그렇지만 돈에 대해 긍정적이고 감사하는 태도를 가진 사람은 돈의 노예가 아니라 돈의 주인노릇을 제대로 하며 살 것입니다.

그리스도인은 재물이 아니라 하나님께 소망을 두고 살아야 합니다. 하나님이 주신 것을 하나님의 뜻에 따라 사용할 수 있어야 합니다. 기본적인 생활에 사용되는 것 외에는 그것을 쌓아놓고 모시고 살기보다 기꺼이 하나님나라를 위해, 복음전파를 위해, 이웃사랑을 위해 사용할 때 참된 가치를 발견하게 될 것입니다. 그래서 예수님은 "너희 보물을 하늘에 쌓아두라"고 하셨던 것입니다. 그렇게 사는 것이 제대로 잘 사는 것이기 때문입니다. 우리가 일하는 것은 하나님의 노동명령에 대한 순종입니다. 우리가 돈을 버는 목적은 선한 사업을 통해 세상 사람들을 유익하게 하도록 하기 위한 것입니다. 그것이 빚된 삶이고 하나님께 영광을 돌리는 행동입니다.

그리스도인은 먹든지 마시든지 무엇을 하든지 하나님의 영광을 위해 살아야 할 사람들입니다. 선악 간에 행한 모든 행실로 인해 심판대 앞에 서게 될 그날이 있음을 알아야 합니다. 그때를 항상 염두에 두고 오늘을 살아야 합니다. 땅에서 심고 하늘에서 거둘 것이기에 이때에 그때를 위해 사는 것입니다. 심은 대로 거두는 원리와 많이 심는 자는 많이 거두고 적게 심는 자는 적게 거두는 원리는 변하지 않습니다. 그러므로 부지런히 일하고 거두어들인 소득을 선한 일을 위해 사용할 줄 안다면 그 소유의 많고 적음을 떠나 여러분은 멋진 인생을 살고 있는 것입니다. 굳이 내가 가진 것과 다른 사람이 가진 것을 비교하거나 열등의식을 가질 필요는 없습니다. 나는 내가 할 수 있는 범주에서 나의 길을 가면 되는 것입니다. 하나님은 1달란트 주신 사람에게 5달란트 받은 사람만큼의 기대를 하지 않으십니다. 그러므로 남과 비교하거나 열등의식을 갖는 것은 부질없는 생각입니다.

내게 주어진 것들을 가치 있게 사용하라.

삶을 의미 있고 가치 있는 인생으로 만드는 것은 물질생활을 얼마나 제대로 했느냐 하는 것과 시간을 어떻게 활용했느냐에 달려 있습니다. 우리는 하나님께서 맡겨주신 은사에 대해 그 소유권이 하나님께 있음을 알고 하나님의 뜻을 따라 복종하는 마음으로, 기쁜 마음으로, 성실한 마음으로 사용할 수 있어야 합니다. 물질은 어디에 어떻게 사용하느냐에 따라 그 가치가 달라지는 것이기 때문입니다.

물질은 그 자체가 악이 아닙니다. 힌두교처럼 물질에 대해 무가치하다고 가르치는 종교가 있습니다. 영지주의처럼 물질은 악하다고 가르치는 집단도 있습니다. 그러나 성경은 하나님께서 창조하신 모든 것이 선하고 아름답다고 했습니다. 그러므로 우리는 물질에 대한 왜곡된 생각을 바로잡고 내게 주어진 물질을 바르게, 선하게, 책임 있게 사용할 수 있어야 할 것입니다.

물질 관리를 잘하지 못해 인생이 파멸에 이르는 경우가 많습니다. 우리는 물질의 노예가 되어서도 안 되지만 물질을 우상으로 섬겨도 안 됩니다. 탐욕 때문에 그 인생이 망가진 사람들을 보십시오.

아간, 발람, 가룻 유다, 아나니아, 삽비라…

재물에 대한 욕망은 우리의 영혼을 굶주리게 합니다. 하나님을 바라보기보다 물질에 대한 생각으로 가득하기 때문입니다. 물질로는 우리 영혼을 만족시킬 수 없습니다. 탐욕은 분에 넘치는 허영심을 심어주고 과소비를 조장하고 상대적 빈곤감을 일으키며, 사회에 대한 불평과 불만을 품게 하고 끝내 믿음에서 떠나게 합니다. 결국 자기 인생을 스스로 불행의 나락으로 떨어뜨리고 마는 것입니다.

만족할 줄 알고 감사하는 삶을 살라.

부자라고 항상 돈에 여유가 있는 것은 아닙니다. 부자는 부자이기 때문에 더 많은 지출요인이 있습니다. 부자에게는 잔돈이 없고 가난한 사람에게는 큰돈이 없습니다. 부자노릇 하기도 쉬운 일이 아닙니다. 재물로 인해 더 바쁘고 피곤하고 고달픈 인생을 살아갑니다. 부자도 때로는 나물 먹고 물 마시고 들판에 누워 자유를 만끽하며 사는 삶을 갈망하기도 합니다. 그러므로 재물을 가진 사람들을 왜곡된 시각으로 바라보기보다 하나님이 주신 현실을 긍정적으로 받아들이는 것이 필요합니다. 부자들의 열정과 부지런함을 배워야 합니다. 부자들의 검소한 생활과 타인을 배려하고 존중하는 모습도 배워야 합니다.

그리스도인은 미래를 염려하며 물질에 의지하기보다 내게 주신 소유를 감사함으로 받고(디모데전서4:4) 빈부를 떠나 만족할 줄 아는 삶을 살아야 합니다.(빌립보서4:12) 재물을 자기만족과 필요를 위해 사용하는 것이 아니라 기꺼이 '하나님의 것'을 구별하여 드릴 줄 알며, 목적을 갖고 기도하고 노력하여 하나님께서 주시고자 하시는 축복을 빼앗기지 않을 수 있어야 합니다. 〈탈무드〉는 아낌없이 베풀면 반드시 돌아온다고 가르칩니다. 하나님은 감사할 줄 아는 사람에게 더 주시고 더 풍성하게 하실 것입니다. 많은 그리스도인이 존경받지 못하는 것은 돈 쓰는 법을 모르기 때문입니다. 아브라함이 평소에 알지도 못하는 지나가는 나그네를 융숭하게 대접한 결과가 어떠했습니까? 선을 행할 수 있는 기회는 항상 있는 것이 아닙니다. 이익과 손해만 따지기보다 기꺼이 나눔으로 인해 기적이 찾아올 것입니다.(잠언11:25) 자기를 위해서는 과도할 만큼 아껴도 선한 일에는 부요한 부자가 되십시오.

제5부

재물에 대한
성경의 가르침

구약성경에서 재물은 하나님의 말씀에 순종한 사람들에 대한 보상과 축복으로 묘사되고 있습니다. 성경이 말하는 복은 물질의 복과 영적인 복을 함께 포함하고 있는 개념으로 이해할 수 있어야 합니다. 구약성경은 물질의 복만을 가르치지 않고 신약성경은 영적인 복만을 말하지 않습니다. 물질을 악으로 규정하는 영지주의 이원론적 사고는 성경의 가르침이 아닙니다. 초대교회에도 무소유를 금욕적 이상주의로 가르치는 사람들이 있었습니다. 물질로부터의 자유를 강조하지만 그것은 절대적 진리가 아닙니다. 물질세계가 전부인 양 생각하며 현실을 즐기며 살자는 사람들도 있었습니다. 바울 사도가 지적한 스토아학파와 에피쿠로스학파의 철학이 그러했습니다. 그들은 아직 영적 세계를 경험하지 못한 어리석은 부자와도 같습니다. 사람은 한 평생 물질의 영역에서 살고 있습니다. 그리고 분명한 것은 하나님께서 복 주심으로 부자가 되는 것입니다.(창세기26:12-19,30:27,39:5, 잠언10:22)

부(재물)에 대한 성경의 대전제는
첫째, 세상 모든 만물이 하나님의 소유라는 것입니다.
둘째, 인간은 하나님께서 복 주심으로

부자가 될 수 있다는 것입니다.

셋째, 내게 주어진 모든 것들은

하나님의 선물(은혜)이라는 것입니다.

넷째, 인간은 관리자로서 청지기라는 것입니다.

내가 땀 흘려 노력해서 벌었고 내가 소유하고 있다고 해서 영원히 내 것이 될 수는 없습니다. 내 손에 쥐어진 것도 유통기한이 있습니다. 사람은 하나님께서 맡겨주신 것을 관리하는 청지기일 뿐이기 때문입니다.

우리는 먼저, 재물은 하나님께서 내게 맡겨주신 것이라는 생각과 그것을 올바르게 관리해야 할 책임이 있다는 것을 알아야 합니다. 그래야 돈을 모으는 것에 대한 목적과 이유의 타당성이 있게 되고 내게 주어진 돈을 만물의 주인 되시는 하나님의 뜻을 따라 의미 있고 가치 있게 사용할 수 있습니다. 사람의 일생은 삶의 주기에 따라 주어진 역할이 다르고 삶의 환경은 시시때때로 변할 수 있습니다. 그렇지만 항상 하나님의 청지기로서 책임을 인정하고 청지기의 자세와 태도를 가져야 합니다. 누가 얼마나 더 가졌느냐가 아니라 그러한 태도를 하나님께서 기뻐하십니다. 인생에서 우선적인 과제는 하나님 앞에서 내가 누구인지를 발견하는 것이고 나아가 내가 할 일이 무엇인가를 발견하는 것이기 때문입니다.

돈에 대한 두 가지 과제가 있습니다.
하나는 어떻게 벌 것인가 하는 것이고 또 하나는 어떻게 쓸 것인가의 문제입니다.

돈을 번다는 것은 생존을 위해 필요한 것이지만 돈을 벌기 위해 무슨 일을 해도 괜찮은 것은 아닙니다. 스스로 환경을 탓하며 원망하는 사람들도 있지만 우리는 깨끗한 돈을 벌 수 있어야 합니다. 수단방법 가리지 않고 재물을 모은다고 해서 그것이 반드시 쌓이는 것도 아니기 때문입니다. 직업 선택에 있어서도 마찬가지입니다. 적은 소득일지라도 하나님 보시기에 합당한 직업을 선택하는 것이 중요합니다.

그리스도인에게는 돈을 어떻게 쓸 것인가의 문제에서 하나님사랑과 이웃사랑을 실천할 수 있는 마인드를 가지는 것이 중요한 과제입니다. 개인적인 이익을 추구하고 여유로운 삶을 살아가는 것을 문제 삼을 수는 없습니다. 그 판단기준도 개인마다 다를 수 있기 때문에 함부로 판단하고 정죄하는 것도 바람직한 일은 아닙니다.

수입에 비례하여 세금을 내고 어느 정도 사랑을 실천하며 사느냐의 문제는 영적 수준에 따라 늘 긴장과 딜레마가 존재할 수 있습니다. 사람이 소유의 많고 적음을 떠나 삶을 영위하고 가족들을 부양하고 미래를 설계하며 살아가는 것은 지극히 자연스러운 일입니다. 그러므로 가정경제를 위한 사명과 책임을 회피하지 말아야 합니다. 하나님의 도우심을 구하며 하루하루 최선을 다하는 삶이야말로 소유의 많고 적음을 떠나 멋진 그리스도인의 삶일 것입니다.

3000년 전 이스라엘 왕 솔로몬은 백성들의 삶의 현실을 무시하고 무모한 사업을 위해 무거운 세금을 부과하려다가 나라가 둘로 쪼개지는 결과를 가져왔습니다. 동서양을 막론하고 크고 작은 나라의 군주들은 백성들의 고혈을 빨며 수탈을 일삼는 것을 당연한 것으로 여겼습니다. 견디다 못한 백성들은 최후의 수단으로 봉기를 일으키며 살길을 찾고자 했습니다. 구약성경에 등장하는 발람이란 사람은 돈을 받고 거짓 예언을 하려다가 버려진 존재가 되었습니다. 아합과 이세벨은 권력을 가졌지만 그것을 이용해 나봇의 포도원을 탐내고 강탈하다가 비극적인 최후를 맞이했습니다.

이 세상에는 정당한 노력 없이 불로소득에 정신을 잃고 살아가는 사람들이 적지 않습니다. 자본주의 사회에서 당연한 것으로 여겨지는 풍조입니다. 하나님의 축복은 내가 번 돈을 어떻게 사용하느냐에 달려 있습니다. 그것은 씨를 뿌리는 것과 같은 원리입니다. 많이 심는 자는 많이 거두는 것이기 때문입니다. 그것은 과일나무를 심는 것과 같습니다. 햇빛과 비, 이슬과 바람에 의해서 언젠가는 반드시 수확하게 되는 것이기 때문입니다. 심지 않고 거둘 수는 없습니다. 서울에서 심고 부산에서 거둘 수 있습니다. 중요한 것은 나에게 기회가 주어진 그때가 심을 수 있는 때이고 언젠가는 거두게 된다는 것입니다. 많은 경험자들이 한결같이 전하는 말에 의하면 당대가 아니면 후대라도 반드시 거두게 된다는 것입니다.

경제에 대해 무지한 것이 자랑이 될 수는 없습니다. 그리스도인들은 경제의 원리를 성경에서 배워야 합니다. 성경적인 경제전문가가 되어야 합니다. 많은 그리스도인들은 그들에게 주어진 청지기사명과 책임이라는 것에 주의를 기울이지 못하고 사역자들에게 전가하거나 남의 일처럼 생각하기도 합니다. 돈에 대해 추상적인 개념만을 가진 채 성경적인 경제생활의 원리를 깨닫지 못하고 습관에 따라 그럭저럭 살아갑니다. 남의 말에 귀 기울이다가 낭패를 보기도 합니다. 돈을 사랑함이 일만 악의 뿌리가 된다는 단편적인 이해와 돈 이야기를 하는 것조차 수치스런 것으로 여기는 문화가 잠재해 있기 때문이기도 할 것입니다.

교회지도자들은 헌금생활을 가르치지만 성경적인 경제생활에 대해 제대로 가르치지 못하는 경우가 많습니다. 가톨릭 신부들은 100만 원으로도 한 달을 살 수 있다고 청빈을 강조합니다. 이러한 신부들은 은퇴 후에도 머물 곳이 있지만 작은 교회나 농어촌 목회자들은 은퇴하면 수급자로 전락하는 경우가 다반사입니다. 사역에 대한 불편한 진실과 더불어 경제에 대한 부정적 인식이 자리 잡고 있다는 사실을 토대로 해결책을 만들어 나가야 할 것입니다.

우리에게는 성경이 가르치는 경제생활에 대한 균형 잡힌 이해가 필요합니다. 부자에 대한 거부감이나 물질에 대한 부정적인 생각은 성경의 가르침이 아닙니다. 아브라함을 비롯한 족장들은 부유한 삶을 살았습니다. 욥 또한 동방의 거부로 소개되고 있습니다만 욥의 선행에 대해서는 잘 알려져 있지 않습니다.(욥기31:16-22) 독자 여러분은 하나님의 복 주심을 통해 부요를 얻고, 풍요롭고 복된 인생을 살며, 정당한 방법으로 부를 얻고 부를 관리할 줄 아는 그리스도인으로 살아갈 수 있기를 기도합니다.

　부요하고 풍족한 삶은 전적으로 하나님의 은혜입니다. 부자나 가난한 자나 광야 같은 인생길을 걸어가는 나그네라는 사실은 변함이 없습니다. 공수래공수거(空手來空手去)라는 말처럼 아무것도 가지고 온 것이 없으니 가지고 갈 것도 없습니다. 그러나 살아가는 동안 타인에게 습관적으로 손을 벌리며 도움을 구하는 의존적인 삶을 살 것인지 최선을 다해 자신의 생계문제를 해결하고 지혜롭게 부를 잘 관리해서 많은 사람들을 유익하게 하며 살 것인지 판단할 수 있어야 할 것입니다. 그러므로 광야의 이스라엘이 전적으로 하나님의 은혜에 의존했던 것처럼 만사가 하나님께 달려 있다는 신앙으로 살아가면서 약속된 축복을 구하며 노력하는 모습은 그 자체로 아름다운 행동인 것입니다.

1. 재물에 대한 기본자세

하나님은 복의 근원이시다.

하나님은 복의 원천이시며 생사화복의 주관자이십니다. 그를 섬기며 그에게 순종하는 자에게 복 주시기를 기뻐하십니다. 사람은 그가 복을 주셔야 부자가 될 수 있고 부요한 삶을 누릴 수 있습니다. 땀 흘려 노력하고 검소하게 사는 것도 중요하지만 하나님의 복 주심이 없다면 우리는 수고의 열매를 맺을 수 없고 우리의 노력은 헛수고에 불과할 것입니다. 이스라엘 왕 다윗은 "땅과 거기 충만한 것과 세계와 그중에 거하는 자가 다 여호와의 것이라"고 노래했습니다.(시편24:1) 그렇습니다. 세상에 있는 모든 것은 내 것이나 우리의 것이 아니라 하나님의 것입니다. 이것이 공존의 삶을 강조하는 성경적 경제관의 출발입니다.

가나안에 입성한 이스라엘 사람들은 풍요와 행복을 가져다준다는 바알과 아세라 신에 미혹되고 말았습니다.

풍요와 행복을 가져다준다는 미혹에 넘어가 가나안 사람들이 섬기던 온갖 우상들도 서슴지 않고 받아들였습니다. 주변국과 결혼동맹을 추진했던 솔로몬은 약속의 땅 가나안을 우상전시장으로 만들어 버렸습니다. 오늘날 우리가 살고 있는 생활환경도 신앙생활에 적절한 환경은 아닙니다. 유물론 사회주의 체제도 문제가 많지만 자본주의 사회라고 문제가 전혀 없는 것이 아니기 때문입니다.

많은 교회와 그리스도인들이 재림을 기다리며 복음 전하는 일보다 맘몬(mammon)을 섬기며 배금주의로 인해 스스로 자기 무덤을 파고 있습니다. 한국교회가 역동성을 잃어버린 이유가 그것 때문이기도 합니다. 많은 그리스도인들이 비신자와 다를 바 없는 물질관을 가지고 수단방법을 가리지 않고 영리를 추구합니다. 아무런 죄책감도 없이 부정청탁과 무책임과 우유부단으로 하나님의 영광을 가리고 있습니다. 돈의 공세에 무력해져 갈수록 작아지는 그리스도인들이 되고 말았습니다. 이제라도 기드온 300용사처럼 일어나야 할 것입니다.

하나님과의 바른 관계가 가장 우선이다.

사람들은 의식주를 위해 일하고 땀을 흘리지만 그러한 활동은 동물의 세계에서도 볼 수 있는 생명체의 일반적인 활동입니다. 사람에게는 의식주 문제도 소중하지만 삶의 태도에 있어 하나님과의 바른 관계가 가장 중요하다는 생각을 가질 수 있어야 합니다. 그렇지 않고서는 재물은 좀 소유했어도 결코 축복된 인생을 살아갈 수 없을 것입니다. 하나님과 그의 백성들의 관계는 언약(계약)으로 맺어진 관계입니다. 이스라엘 백성들의 실패 이유는 우상숭배로 인해 하나님과의 관계를 변질시키고 말았기 때문입니다. 그들의 실패 이유가 바로 여기에 있었습니다. 우상은 형상으로 만들어 세워놓은 것만이 아니라 하나님보다 더 의지하는 모든 것들입니다.

하나님과의 바른 관계 형성은 회개와 말씀순종을 통해서만 가능합니다. 율법주의를 말하는 것이 아닙니다. 세부적으로 순종의 범주를 정하기도 쉽지 않습니다. 지난날 한국교회가 기준으로 제시했던 주일성수와 십일조 생활도 그것이 전부일 수 없습니다. 율법주의적인 개념으로 인한 의무감만으로 순종하는 사람들도 얼마든지 많기 때문입니다. 예수님이 가르치신 복음서를 기준으로 말씀드리자면 전인격적으로 하나님을 사랑하고 이웃을 사랑하라 하신 말씀에 순종하고자 한다면 나머지 세부적인 것은 부수적인 것이라고 할 수 있습니다. 성경은 율법주의나 문자주의로 해석할 것이 아니라 하나님의 본래 의도와 시선에서, 율법과 복음의 균형 잡힌 시각에서, 십자가의 빛 아래에서, 성령의 조명을 통해 분별하고 순종해 나가야 할 하나님의 말씀이기 때문입니다.

만족과 감사를 아는 마음가짐을 가지라.

사람은 부유하게 되어도 가난하게 살던 그 때 그 시절을 잊지 말아야 합니다. 출애굽한 이스라엘은 세월이 가도 출애굽의 순간과 하나님의 백성으로서 정체성을 한순간도 잊어서는 안 되었습니다. 그런데 가나안 정착생활 후 어찌했습니까? 사람이 배부르면 배은망덕할 수 있습니다.(잠언30:8, 호세아13:6) 사람이 가난하고 힘들었던 시절을 잊어버리면 부요한 삶을 당연하게 여기게 되고 하나님보다 돈을 더 신뢰함으로 믿음에서 떠날 수 있습니다. 현재 축적해 놓은 재물이 좀 있다고 해도 가난하게 되는 것은 한순간입니다.(잠언23:5) 모래 위

에 집을 짓는 어리석은 자가 될 수 있습니다.(마태복음 7:26-27)

재물을 많이 소유했다고 교만하거나 적게 소유했다고 낙심할 일이 아닙니다. 내게 주어진 현실에서 만족할 줄 알고, 감사할 줄 아는 마음가짐을 가질 수 있어야 합니다. 공평하신 하나님은 때로는 감당할 수 있는 능력을 가졌느냐에 따라 다섯 달란트 받은 사람처럼 많은 것을 맡겨주실 것이기 때문입니다. 감당할 수 없을 정도로 재물을 소유하게 되어 그것으로 인해 실패한 인생들도 부지기수라는 사실을 유념해야 합니다.

십계명의 마지막 계명은 "네 이웃의 집이나 소유를 탐내지 말라"는 것입니다. 탐욕은 부자가 되는 길이 아니라 멸망에 이르는 전차일 뿐입니다. 탐욕으로 인해 한순간 불나방처럼 존재하다 사라질 수 있기 때문입니다. 탐욕은 삶을 부요케 하지 못합니다. 탐욕은 부정한 지혜를 짜내게 하며 무모한 욕심을 한없이 부풀립니다. 결국 자기를 해칠 뿐 아무 유익이 없습니다. 탐욕으로 인하여 다윗의 집안은 칼이 떠나지 않았고, 게하시는 문둥병자가 되었으며, 아합 왕은 비참한 죽음으로 인생을 마치고 말았습니다. 아간은 아골 골짜기에서 돌로 죽임을 당하였습니다. 그러므로 양심에 거리낌이 없도록 하고 하나님 앞에 부끄럽지 않도록 살아가는 것이 가장 멋진 선택일 것입니다.

2. 잠언의 경제학

잠언의 경제학을 종합하자면 겸손히 하나님을 경외하라, 하나님께 드리라, 부지런히 일하라, 구제하라, 절약하라, 방탕하지 말라, 의롭게 살라, 보증을 함부로 서지 말라, 빚을 멀리하라 등 여러 가지 가르침이 있을 것입니다. 그 가운데 다섯 가지를 소개하고자 합니다.

부요를 얻는 삶의 조건 : 여호와를 공경하라.

복은 하나님이 주시는 것입니다.(잠언10:22) 하나님만이 복 주시는 자입니다. 창조주 하나님은 우리가 생육하고 번성하며 땅에 충만하기를 원하십니다. 이것은 아담에게만 주신 말씀이 아니라 오늘을 살아가는 우리 모두에게 주신 하나님의 말씀입니다. 재물에 대한 세상의 가르침은 부에 대한 갈망(열망)과 긍정적인 사고와 자신감(도전정신)을 말합니다. 그러나 성경의 가르침은 복은 하나님이 주시는 것이고 하나님이 복 주심으로 부요하게 된다는 것입니다. 샤머니즘과 수도종교는 재물을 얻기 위해 신앙을 이용하는 것이지만 기독교 신앙은 모든 것이 하나님의 소유임을 인정하는 것입니다.

그러므로 재물에 대한 세상적인 관념이나 왜곡된 생각을 바꾸는 것이 중요합니다. 우리에게 부요함이 없다면 우리는 원하는 것을 시도할 수도 없고 궁핍에 시달려야 하며 자존감을 상실하고 늘 주눅들어 살게 될 것입니다. 우리 조상들도 부자는 하늘이 내린다고 했습니다. 내가 부요하고 넉넉함으로 인해 할 수 있는 것은 너무나 많습니다. 참된 부자가 되기를 꿈꾸어보십시오. 하나님께 지혜를 구해보십시오. 여러분도 얼마든지 하나님나라와 의를 위해 쓰임 받을 수 있는 부자의 반열에 설 수 있습니다.

하나님께 도우심과 인도하심을 구해보십시오. 어느 날, 인간이 상상할 수 없는 하나님의 방법으로 그야말로 꿈처럼 이루어주시는 광경을 직접 목격하게 될 것입니다. 겸손과 경외의 보상은 재물과 영광과 생명입니다.(잠언22:4) 그것은 하나님의 약속입니다. 그러므로 지금의 현실이 어렵고 힘들어도 내 인생여정을 통해 하나님의 뜻을 펼쳐 나가게 하실 부요하신 하나님을 기대하십시오. 선한 일에 인색하지 마십시오. 우리가 선행으로 구원을 얻는 것은 아니지만 바울 사도는 계속해서 선행을 강조하고 있습니다. 물론 출석교회에 봉헌하는 것만이 하나님께 드리는 것은 아닙니다. 기회가 주어질 때 선한 일에 힘쓰십시오. 심은 대로 거두는 법칙은 만고의 진리이기 때문입니다.

재물로 여호와를 공경하라.(잠언3:9-10)

하나님께 드림은 예물만 드리는 것이 아닙니다. 예물을 드린다는 의미는 먼저 하나님의 존재를 인정하는 것이고 하나님을 높여드리는 것입니다. 특히 첫 열매는 하나님을 가장 우선적으로 생각하는 마음이 담겨 있는 것이고 온전한 십일조는 하나님께서 주신 것 중에서 기꺼이 즐거운 마음으로 드리는 것으로 하나님의 주권을 인정하는 행위입니다.(말라기3:8, 레위기27:30) 우리는 하나님께서 주신 것 중에서 일부를 하나님께 드리는 것입니다. 하나님은 예물과 함께 우리의 마음을 받으십니다. 우리는 하나님께 봉헌생활을 통해 자기중심적이고 자기위주의 인색함에서 벗어날 수 있습니다. 특히 십일조는 축복이 약속된 것이어서 그것을 통해 우리는 하나님의 축복 여부를 확실하게 경험할 수 있습니다.(말라기 3:10) 예수님은 비둘기 한 쌍을 드린 바 있고 두 렙돈을 드리는 가난한 여인을 크게 칭찬하신 적이 있습니다. 그러므로 예물을 드릴 수 있는 경제력이 있느냐 하는 것과 그것조차도 드릴 수 없는 사람이 있다는 것을 생각할 때 각각 믿음의 분량에 따라 할 일이지 강요할 사항이 아니라는 것입니다. 중요한 것은 빈부를 떠나 여호와를 경외함이 우선이라는 것입니다.(잠언15:16)

우리는 형편에 따라 부담감 없이 성령의 인도하심을 따라 드릴 수 있어야 합니다. 또한 교회는 신자들의 헌금이 그들이 흘린 피와 땀이라는 사실을 기억하고 드려진 예물을 하나님나라와 의를 위해 합당하게 사용할 수 있어야 합니다. 교회운영비와 사례비에 집중적으로 지출하고 정작 교회가 선교와 구제와 봉사를 게을리하며 본래의 목적에서 벗어나 재정낭비를 하는 것은 오히려 화를 불러들일 수 있다는 것을 깨달아야 합니다.

> 의인의 수고와 악인의 수고(노력)는 그 결과가 다르다.

　　영국의 철학자 스펜서(H. Spencer)는 "돈이란 하늘 아래에서 가장 위대한 신"이라고 했습니다. 사탄은 맘몬을 통해 돈의 위력을 보여주며 수단과 방법을 가리지 말고 돈을 벌라고 부추깁니다. 그래야 대접받고 큰소리 치며 살 수 있다고 가르칩니다. 그렇지만 불의와 불공평한 거래는 하나님이 미워하십니다.(잠언20:10) 세상에는 3만 가지 가량의 직업이 있어도 그리스도인이 해서는 안 되는 일이 분명히 있습니다. 그리스도인은 하나님 없이 살아가는 죄인(악인)들이 더 부자가 되고 잘되고 형통한 것 같아도 부러워하지 말아야 합니다.(잠언23:17,24:1,19) 결국 악인은 바람에 날리는 겨와 같이 허무한 존재가 될 뿐이기 때문입니다(시편1:4) 악인이 악한 방법으로 잘되는 것 같아도 불행한 인생일 뿐입니다. 객관적으로 똑같은 수고를 반복해도 의인은 생명을 거두고 악인은 죄의 열매를 거두는 것입니다.(잠언10:16)

　　의인의 수고는 자자손손 대대로 유익하게 하지만 악인의 수고는 결국 의인을 위한 수고일 뿐입니다.(잠언

13:22) 부자의 재물은 3대를 넘어가지 못하는 경우가 허다합니다. 그들은 수고하여 얻은 것이 많을지라도 결국 하나님께 순종하는 자들에게 유익하도록 사용하시는 하나님의 도구일 뿐입니다. 그들이 모은 재물의 최종 도착지가 하나님을 기쁘시게 하며 살아가는 사람들이기 때문입니다.

> 악인은 그렇지 않음이여
> 오직 바람에 나는 겨와 같도다.(시편1:4)

> 부지런한 자가 되라.
> 그리고 정당한 부를 위해 노력하라.(잠언6:8)

사람들의 살아가는 모양은 다를지라도 부지런한 새가 먹이를 잡는 것처럼 그 누구도 부지런한 자를 따라올 수는 없습니다. 물론 어리석은 자는 부지런할수록 더 망하는 길로 가겠지만 지혜로운 자는 그 눈물과 수고와 땀이 헛되지 않을 것입니다. 그러므로 성경은 이렇게 말씀합니다.

게으른 자여, 개미에게로 가서

그 하는 것을 보고 지혜를 얻으라.(잠언6:6)

"개미에게 배우라!" 개미는 부지런함을 상징하는 곤충입니다. 부지런함은 지도자의 조건이며 그 자체가 축복입니다. 좋은 비유는 아니지만 사기꾼도 자기 일에 성실하며 최선을 다합니다. 성경은 부지런함이 사람의 부귀 그 자체라고 평가합니다.(잠언12:24,27) 게으르면 얻지 못하고 빈궁하게 됩니다.(잠언13:4,20:13,24:33) 온 우주를 다스리시는 하나님은 일하시는 하나님이십니다. 십계명의 네 번째 계명은 안식일을 기억하여 거룩히 지키라는 것입니다. 우리가 섬기는 하나님이 창조주(조물주)이심을 기억하라는 것이요 하나님을 경외하고 예배하는 일을 잊지 말라는 것입니다. 업무환경이 예배에 참여하기 어려운 상황이라면 적절한 직업 선택도 하나의 방법일 수 있을 것입니다.

십계명의 제4계명에서 우리가 기억할 것은 엿새 동안은 부지런히 일하라는 말씀입니다. 이 노동명령은 생육하고 번성하여 땅에 충만하라는 명령과 일맥상통합니다. 종교개혁자 루터의 '직업소명설'은 성직자만이 거룩한 직분이고 나머지는 세속적인 일이라고 생각했던 중세 사람들에게 엄청난 파급을 주었습니다. 여러분이 지금 종사하고 있는 일이 범죄행위가 아니라면 지금 여러분이 하고 있는 일은 하나님께서 맡겨주신 거룩한 사명인 것입니다. 그러므로 부자 되기에 애쓰기보다 먼저 성실하고 부지런한 사람이 되십시오.(잠언23:4,28:6) 부지런함과 함께 하나님의 지혜와 인도하심을 구하십시오.

그리스도인으로서 주의해야 할 사항이 있습니다. 타인을 위해 보증서는 것(잠언11:15,22:26), 다른 사람과 동업하는 것(잠언22:26), 문제해결을 위해 청탁과 뇌물을 주는 것(잠언23:1-5), 술친구와 가까이하는 것 등입니다.(잠언23:20)

구제하며(베풀며) 살라.

가난의 이유로는 전쟁, 질병과 사고, 가뭄이나 홍수 그리고 산불 등의 자연재해, 가장의 죽음, 실업 등 다양한 것들이 있습니다. 오늘날에는 급속도로 변하는 환경에 적응하지 못하기 때문에 빈곤층이 생겨나기도 합니다. 성경에서 가리키는 가난한 사람이란 하나님께 드릴 최소한의 예물조차 없는 빈곤한 처지에 있는 사람입니다. 도움 없이는 살아갈 수 없는 사람, 이런 사람은 도와야 합니다. 이들에게 손을 내미는 것이 구제이고 선행이며 사회봉사입니다. 오늘날 선행과 봉사는 사회복지의 개념으로 국가책임으로 시행되고 있으나 교회가 할 수 있는 일을 찾아서 국내외적으로 성실하게 감당해 나가는 자세가 필요합니다.

마태복음 25장의 달란트 비유는 이익을 남기는 것도 중요하다고 가르치지만 하나님에 대한 인식(태도)이 어떠한지의 문제가 우선인 것을 알게 합니다. 양과 염소의 비유에서는 지극히 작은 자 하나에게 행한 선행을 곧 하나님께 한 것으로 인정하시는 모습을 볼 수 있습니다. 이 얼마나 가슴 설레는 일입니까? 우리의 작은 선행도 하나님께서 평가하신다는 것입니다. 내가 수고해서 벌었다고 내 것이 아니라 하나님의 주권을 인정해드리는 기본자세를 가질 때 우리는 주는 자가 더 복되다고 하신 말씀을 이해하게 될 것입니다.(사도행전20:35) 주는 자에게 더 주시는 크나큰 기쁨을 맛보게 될 것입니다.

가난한 자의 소리를 들으라.(잠언21:13)
원수까지도 배려할 줄 알라.(잠언25:21)

가난한 자를 업신여김은 범죄행위다.(잠언14:21)
가난한 자를 조롱함은 하나님을 멸시하는 것이다.
(잠언17:5)
가난한 자를 돕는 것은
여호와께 꾸어(빌려)주는 것이다.(잠언19:17)

그리스도인은 예수 그리스도를 믿음으로 구원받은 사람들입니다. 구제와 선행으로 구원받는 것이 아닙니다. 구원 문제에 조건을 다는 것은 사이비이거나 율법주의일 가능성이 큽니다. 구원받은 사람은 기꺼이 선한 일에 앞장서야 합니다. 스스로 가진 것이 없다고 하더라도 자기 기준에 의해 판단할 것이 아니라 하나님의 시선으로 바라볼 수 있어야 합니다. 그런 사람을 하나님께서 반드시 풍족하게 하실 것이기 때문입니다.(잠언11:25)

구약시대의 안식년과 희년제도는 경제적으로 어려운 사람들도 새출발할 수 있는 기회를 제공했습니다. 하나님은 자기 이익에 집착하지 않고 기꺼이 순종하는 사람들에게 이와 같이 약속합니다. 구제를 좋아하는 자는 풍족하여지고 남을 윤택하게 하는 자는 윤택하여진다는 것입니다. 재물이 점점 줄어드는 것이 아니라 오히려 풍족하게 된다는 것입니다.(잠언28:27) 그것이 천국은행에 저축하는 원리인 것입니다.(마태복음6:19-20) 그곳은 좀과 동록(銅綠, patina)이 해치거나 도둑이 침범할 이유가 없습니다.

3. 신약성경의 가르침

산상보훈의 가르침

돈은 그 자체로 악하다거나 선하다고 할 수 있는 것은 아닙니다. 그런데 예수님은 불의의 재물로 친구를 사귀라 하셨습니다.(누가복음16:9) 돈은 그 속성상 그것을 소유한 사람이 불의하게 될 가능성이 많기 때문일 것입니다. 이러한 돈의 위험성을 파악하고 있어야만 우리는 맘몬을 섬기거나 돈에 인생을 걸거나 돈 때문에 이리저리 휩쓸리거나 얽매이지 않을 수 있습니다. 문제의 핵심은 어쩌면 돈 자체가 아니라 하나님의 청지기로서 인간의 책임 문제일 것입니다. 아담의 범죄와 타락 이후 인간은 부패성으로 인해 그 책임을 다할 수 없게 되었습니다. 그 결과 중립적 개념인 재물조차도 불의한 재물이 되어버렸다는 것입니다.

그리스도인은 현재 내 삶의 환경이 어떠하든지 부질없는 염려를 하나님께 맡기고 인도하심을 구하며 노력할 수 있어야 합니다. 필요를 채워주시도록 기도하며 낙심치 않는 것이 중요합니다. 돈이 가진 위력이 크지만 그렇다고 돈을 사랑하거나 돈에 소망을 두고 살 것이 아니라 하나님께 대한 신앙으로 살아야 합니다. 하나님을 신뢰하는 사람은 염려하지 않습니다. 염려가 찾아와도 잠시일 뿐입니다. 하나님은 우리의 필요를 아시고 우리의 경제적인 모든 문제들을 책임져 주실 것이라는 믿음이 중요합니다. 그러므로 빈부를 떠나 기회가 생기는 대로 선을 행하되 구제는 은밀하게 하라는 것입니다. 그것이 옥합을 깨뜨리는 거룩한 낭비입니다. 그래야 하나님이 받으시고 인정하시고 채워주시고 갚아주실 것이기 때문입니다. 그것이 보물을 하늘에 쌓아두는 일이 될 것입니다.(마태복음6:19-21) 그리스도인의 삶의 우선 순위는 하나님나라와 의를 추구하는 것입니다. 그것이 복 있는 사람의 삶의 방정식입니다.

> 그런즉 너희는 먼저 그의 나라와 그의 의를 구하라.
> 그리하면 이 모든 것을 너희에게 더하시리라.
> (마태복음6:33)

지금도 달라진 것이 없겠지만 예수님 당시에도 사회 지도층은 탐욕과 악독이 가득했습니다. 지식과 이론에 있어서는 뛰어나지만 탐욕에서 벗어나지 못하고 있었기 때문에 심한 꾸지람과 저주와 책망을 받았던 것입니다. 강도 만난 자의 이야기를 통해 "가서 너도 이와 같이 하라"고 말씀했습니다. 믿음은 성령의 역사이지만 지, 정, 의가 포함된 결단이요 변혁입니다. 지식만으로는 변화될 수 없습니다. 오늘날 우리 주변에 가난한 자가 많고 교회는 많으나 슬픈 현실 속에 살아가는 이유는 대다수의 그리스도인들이 구원받은 것으로 만족하면서 자기 배부름과 즐거움만을 우선적으로 생각하기 때문입니다. 우리에게 은혜를 베푸신 까닭은 나누라는 것이지 혼자서 누리라는 것이 아닙니다.

바울 사도와 야고보의 가르침

사도 바울의 가르침과 예수님의 가르침은 다를 바가 없습니다. 사도 바울은 돈을 사랑하는 것은 일만 가지 악의 뿌리가 된다고 경고합니다. 그러므로 정함이 없는 재물에 소망을 두지 말고 하나님께 소망을 두고 살라는 것입니다. "정함이 없는 재물"이란 정해진 것이 없는,

불확실한, 덧없는, 믿을 수 없는 재물이란 뜻입니다. 빈부를 막론하고 하나님으로 만족할 줄 아는 삶을 살라는 것입니다. 기회 있는 대로 구제와 선행의 삶을 살라고 권면합니다.(디모데전서6:6,10,17,18) 반드시 심은 대로 거둘 것이기 때문입니다.(갈라디아서6:7) 그 자신이 복음을 위해 살면서 비천한 데 처할 줄도 알고 풍부함을 맛보며 살기도 했지만 그것들 때문에 크게 영향을 받지 않고 살아가는 일체의 비결을 배웠노라고 고백합니다.(빌립보서4:12) 고난이 주는 유익을 발견했기 때문입니다.

행함을 강조하는 야고보는 돈이 좀 있다고 자랑하지 말고 겸손하라고 권면합니다.(야고보서1:10) 가난한 사람들에 대한 차별은 부당하며 범죄행위이므로 교회 안에서조차 그런 일이 발생하지 않도록 주의할 것을 경고합니다.(야고보서2:1-9) 많은 사람들이 욕심 때문에 미혹되고 시험을 당하고 멸망의 길로 가게 된다고 경고합니다. 부자들의 욕심을 채우기 위한 재산축적과 가난한 자들에게 행한 착취와 사치와 연락(宴樂)에 대해 경고합니다. 재물을 이용해 사람을 죽이는 불법행위에 대해서도 경고합니다.(야고보서1:15,5:1-6) 부자들이 재물을 가진 것에 대해 책망한 것이 아니라 부자들의 재물로 인한 교만을 지적합니다. 이를 용납하고 가난한 자를 차별하는 등 부자들과 야합하고 있는 타락한 교회를 꾸짖고 있는 것입니다.

제6부

빚(채무)에서
벗어나는 길

날마다 돈에 매여 살아간다면 어찌 자신이 꿈꾸는 인생을 살 수 있을까요?

많은 사람이 돈 때문에 허덕이는 것은 수입보다 지출이 많기 때문입니다. 빚을 권하는 사회에서 버는 것보다 쓰는 것이 많아서 항상 모자라고 부족하기 때문에 매달 카드빚을 내서 살아가는 사람들이 허다합니다. 건강보험공단 관계자에 따르면 급여를 받아도 17일 정도만 살 수 있고 나머지는 카드에 의존하는 사람들이 많다고 합니다. 그러다가 나중에는 빚에 허덕이게 되고 파산에 이르게 됩니다. 심지어 빚에 쪼들려 살다가 생을 마감하는 사람들도 적지 않습니다. 채무의 굴레에서 벗어나지 못하기 때문입니다.

빚을 이기는 최선의 방법은 적게 쓰고 저축하는 것입니다. 필요치 않은 낭비와 과소비를 줄이고 자신의 수입에 따라 적절한 삶의 방식을 찾아내어 살아가는 것입니다. 호화롭고 맛있는 음식만을 탐하기보다 씀씀이를 줄이는 노력이 있어야 합니다. 부채의 증가는 점점 자신감을 잃게 합니다. 부채는 올무가 되어 삶을 집어삼킬 수 있는 괴물이라는 생각이 필요합니다. 막연한 인생의 계획에는 막연한 결과가 있을 뿐입니다.

그러므로 재물에 대한 확신과 자신감을 가지고 구체
적으로 실천하는 것이 중요합니다. 필자는 사람들이 돈
이 없기 때문에 아무것도 할 수 없다고 말하면 이렇게
대답합니다. 은행에 가면 돈이 많다고, 돈은 은행에 있
다고…. 꼭 필요할 때는 금융기관을 통해 얼마든지 도움
을 받을 수 있어야 합니다. 그렇지만 갚을 수 있을 만한
여유가 생겼을 때는 빚을 갚는 데 주저하거나 시간을 끌
지 말아야 합니다. 우리 속담에 "겉보리 서 말이면 처가
살이도 하지 않는다"고 했습니다. 남에게 손 내미는 부
끄러운 인생을 어느 때까지 계속하시렵니까? 이제 부채
에서 벗어나십시오. 훨훨 나는 기분일 것입니다.

긴급한 상황에서 돈을 빌려가 놓고선 갚지 않는 사람
이 많습니다. 빌려준 사람은 돈을 쓸 데가 없어서 빌려
준 것이 아닙니다. 그것은 스스로 축복의 통로를 막는
자살행위입니다. 이런 사람은 평생토록 빚의 굴레에서
벗어나지 못하고 죄책감을 갖고 살게 될 것입니다. 결
국 '사기꾼'이거나 '도둑'일 수밖에 없기 때문입니다. 예
수님은 "너희가 한 푼이라도 반드시 갚아야 할 것"을 강

조하셨습니다.(마태복음5:26) 여러분이 빚을 지고 갚을 능력이 생겼다면 먼저 남에게 빌린 돈부터 정리하십시오. 약속을 지키지 못했다면 정중하게 사과하십시오. 그래야 축복의 문이 열리기 시작할 것입니다. 지인에게 돈을 빌려주고 받지 못한 분들은 여러분도 한때는 빚진 자였다는 사실을 기억하며 용서해주는 것이 어떨까요?(마태복음18:21-35)

돈은 사람들의 주요 관심사이며 가치평가의 기준입니다. 돈은 경제적인 부, 경제력, 지불능력의 상징입니다. 돈은 생존능력과도 비례합니다. 지금 하던 일을 멈추면 얼마나 버틸 수 있을까요? 사람들은 돈을 얻기 위해 일합니다. 그렇지 않으면 매달 날아오는 청구서를 감당하지 못하고 파산하고 말 것입니다. 수입의 증가는 자연스럽게 지출의 증가로 이어집니다. 세금, 공과금, 보험료, 소득세, 재산세, 통신요금, 카드빚, 새 차, 새 가구, 새 집… 수입의 증가를 예상하지 못하고 충동구매로 지출을 증가시키면 결국 함정에 빠지고 맙니다. 많은 사람들이 지금 이 시간에도 부채의 함정에서 허우적거리며 살고 있습니다. 수입을 능가하는 과소비의 함정에서 어서 빠져나오십시오.

주변을 둘러보십시오. 우리의 집과 사업장, 심지어 교회 건물에 이르기까지 은행들이 지배하며 주인노릇을 하고 있습니다. 대다수의 사람들이 은행을 위해 일하고 돈을 벌며 살아갑니다. 많은 교회들까지도 고금리로 인해 몸살을 앓고 있습니다. 성도들의 아까운 헌금을 은행에다 바치고 있는 셈입니다. 텔레비전 채널은 온갖 홈쇼핑과 새로운 물건에 대한 광고로 유혹합니다. 텔레비전 채널은 여러분의 충동구매를 조장하는 무서운 하마라는 생각을 해 보십시오. 보험회사는 당신의 돈을 합법적으로 도둑질하기 위한 전략을 끊임없이 시도하고 있습니다. 자동이체만 하면 제집 드나들듯 돈을 빼가고 있습니다. 도심 한복판에 자리잡고 있는 거대한 마천루(摩天樓)들은 보험회사들이 긁어모은 보험가입자들의 피와 눈물이라는 것을 이제라도 아시기를 바랍니다. 악마의 목소리 보이스 피싱은 당신의 심리를 역이용하여 하루 아침에 당신을 알거지로 만들 수 있습니다. 그러므로 매사에 하나님께 지혜와 인도하심을 구하고 터놓고 기도로 의논하십시오.

빚은 빛의 속도로 전염병처럼 사람들을 종(노예)으로 만들어가고 있습니다. 너무나 많은 사람들이 빚의 수렁에서 빠져 나오지 못하고 시달리며 살고 있습니다. 과도한 빚은 절망감을 안겨주고 기쁨을 빼앗아가고 두려움과 근심걱정을 안겨줍니다. 빚으로 인해 우정에 금이 가고 가정이 깨지는 소리가 여기저기서 들립니다. 결국 돌려막기 인생을 살다가 자포자기 상태에서 비참하게 생을 마감하기도 합니다.

파산선고를 받고 나랏돈에 의존하는 삶을 택하는 사람들이 부지기수로 늘어나고 있습니다. 수급자로 살아가는 것을 영광으로 여기면서 국가에 의존하며 연명하는 사람들도 점점 늘어 가고 있습니다. 그러나 해결책이 있습니다. 하나님은 우리가 빚에 얽매여 사는 것을 기뻐하지 않으십니다. 하나님은 우리가 간신히 먹고사는 가난한 자가 아니라 하나님의 부요를 누리며 살기를 원하십니다. 우리가 적자인생에서 벗어나도록 현재 여러분의 상태를 낱낱이 솔직하게 하나님께 고백하고 도우심을 구해보십시오. 가난한 여인의 이야기가 여러분의 이야기로 적용되어 기적을 일으키는 계기를 만들어보십시오.(열왕기하4:1-7)

성경적 경제학의 권위자인 존 아반지니(John Avanzini)

박사는 사탄을 '채무의 영'이라고 규정합니다. 우리의 힘이나 방법으로 채무를 감당할 수 없을 때 어떻게 해야 할까요? 성경은 부자의 책임과 재물을 의지함으로 생기는 위험성을 경고하지만 가난한 것이 자랑거리가 될 수는 없습니다. 가난한 것이 정신적으로나 윤리적으로 선한 것이 될 수도 없습니다. 어느 통계에 의하면 세계인구의 1/3이 빈곤에 허덕이고 있다고 합니다. 자가용을 운전하며 출근하는 사람은 세계 상위 5% 이내의 부자에 속한다고도 합니다. 그러므로 내가 처한 현실을 직시하고 이웃사랑을 실천하기 위해서라도 빈곤에서 벗어나려는 갈망과 강한 의지가 요구됩니다.

필자는 자기 의지만으로 무엇인가를 해보려는 사람들에게 하나님을 움직여 보라고 권해 드리고 싶습니다. 자기 능력의 한계를 깨닫고 새 일을 행하시는 하나님의 방법을 활용해 보십시오. 십일조가 그 대표적인 것입니다. 아반지니 박사는 헌금은 자선행위가 아니라 믿음의 행위라고 했습니다. 헌금은 도박판처럼 판돈을 걸고 요행(僥倖)을 바라는 것이 아닙니다. 헌금봉투로 하나님과 흥정하는 것도 아닙니다. 재물을 하늘에 쌓아두는 것이요 축복의 씨앗을 심는 일입니다. 구약 이스라엘 백성들은 하나님께 예물드리는 일에 소홀했습니다. 레위인들이 먹고살기 힘들었던 이유이기도 합니다. 그렇기 때문에 하나님을 시험해 보라고 선지자 말라기는 외쳤습니다. 하나님께 믿음으로 다가가 여러분의 인생에 관여하시도록 해 보십시오. 믿음으로 이루어지는 성령의 역사를 기대해 보십시오.

여호와께 능치 못한 일이 있겠느냐?(창세기18:14)

하나님을 신뢰하십시오. 여러분의 믿음이 산을 옮길 만한 믿음인지 간장종지만도 못한 믿음인지 확인해 보십시오. 여러분을 통해 위대한 일을 계획하고 계시는 전능하신 하나님을 온전히 의지하여 여러분의 삶을 역전시켜 보십시오. 내 힘으로는 도저히 이룰 수 없는 것도 하나님은 쉽게 하실 수 있다는 것을 믿는 믿음이 진짜 믿음이기 때문입니다.

수입이 조금 늘어난다고 경제문제가 순식간에 해결되는 것은 아닙니다. 그러므로 잘못된 지출습관을 고치고 돈을 모아 자산을 만들어야 합니다. 지출을 줄이고 부채를 낮추고 순수한 내 자산을 쌓아 나가야 합니다. 자산은 수입을 창출하고 필요할 때나 어려울 때 든든한 친구가 되어주기 때문입니다. 안락한 노후를 가능하게 하고 풍요로운 삶을 제공해 주기 때문입니다. 부채와 지출을 줄이고 모여진 자산으로 수입을 창출하는 일에 재투자할 수 있어야 합니다. 오늘날은 자본이 일하는 세상이기 때문입니다. 주식, 채권, 펀드, 부동산, 어음 등 다양한 금융상품과 투자자산은 좋은 친구가 되어줄 것입니다. 물론 전문가들의 조언을 마다하고 아무런 지식도 없이 무턱대고 투자하는 것은 어리석은 짓입니다. 주변 사람들의 말에 휘둘리지 마십시오. 차라리 포트폴리오(Portfolio)를 친구로 만들어 가십시오. 금융자산을 알기 위한 이해와 노력은 여러분을 지혜로운 부자로 만들어줄 것입니다.

이집트의 총리대신 요셉이 시대를 초월하여 위대한 인물로 평가를 받는 것은 미래를 대비할 줄 아는 지혜를 가졌고 그것을 실천하여 국가적인 재난과 위기를 극복할 수 있었기 때문입니다. 소비가 미덕이라는 말은 빈부격차를 더 심화시킨 산업혁명이 퍼뜨린 거짓말입니다. 그 결과 지구를 망가뜨리고 말았습니다. 빚을 권하는 세상에서 산다지만 어느 시대든 개인이나 국가를 막론하고 자원은 늘 부족한 상태에 있었고 지금도 그렇습니다. 그럼에도 불구하고 절약하지 않는다면 무슨 일이 어떻게 벌어질지 모릅니다. 그러므로 여전히 저축은 미덕이요, 불확실한 미래를 대비하며 살아가는 사람이야말로 지혜로운 사람일 것입니다.

나가는 말

그리스도인은 청지기의 사명과 책임을 다하기 위해서라도, 선한 사업을 위해서라도 재물을 소유할 수 있어야합니다. 목적이 있는 부자가 되십시오. 현재 내 주머니, 내 통장에 있는 것은 하나님께서 내게 맡기신 것이라는 사실을 절대로 잊지 말아야 합니다. 성실한 노력으로 경제활동을 하되 하나님의 청지기라는 사실을 잊지 말아야 한다는 것입니다. 실패한 부자가 아니라 성공한 부자가 되십시오. 재물에 온 정신을 빼앗긴 채 그것이 영원할 것으로 여기며 신뢰한다면 어느 한순간에 모든 것이 무너져 버릴 수도 있다는 사실을 염두에 두고 살아가십시오.

가난하게 사는 것이 결코 자랑일 수 없습니다. 부요의 꿈을 이루었다면 더 많은 사랑의 실천과 청지기로서의 충성된 삶을 위해 건강관리에도 신경을 써야 합니다. 건강한 몸으로 하나님께서 주신 것을 어떻게 써야 할지 생각하며 실행해 나갈 수 있어야 하기 때문입니다. 고생해서 모은 전 재산을 보람 있게 사용해 보지도 못하고 질병으로 인해 병원에다 바치는 사람들도 많이 있습니다. 그러므로 일도 소중하지만 때로는 적절한 휴식을 취하면서 자기 관리를 할 수 있어야 합니다. 일은 수단입니다. 하나님은 일만 하라고 우리를 이 땅에 보내신 것이 아닙니다.

어느 정도 재물을 축적했다면 돈을 쌓아두기 위해 근심하며 두려워하기보다 하나님 앞에서 어떻게 순종하는 삶을 살 수 있을까를 고민할 수 있기 바랍니다. 일평생 기도하며 하나님께 도우심을 구하고 요구사항만 늘어놓았다면 이제는 주신 재물을 어떻게 사용할지를 놓고 기도할 수 있어야 할 것입니다. 인생의 보람은 나의 만족과 기쁨만을 추구하지 않고 기꺼이 하나님사랑과 이웃사랑을 실천하는 것이기 때문입니다.

물질의 소유권이 하나님께 있다는 것을 기억하며 내게 주신 재물들을 만물의 주인이신 하나님 뜻대로 사용할 때 기쁨과 감사와 감격을 경험하게 될 것입니다. 성경이 가르치는 참된 축복은 재물의 축적이 아닙니다. 물질과 은사와 재능을 선한 목적을 위해 활용할 때 위로부터 주시는 것입니다. 하나님의 마음에 합당한 자가 되십시오. 하나님으로부터 부요를 얻고 그 부요를 누리며 사십시오. 부요를 통해 하나님께 영광을 돌리십시오. 독자 여러분의 성공적인 삶을 응원하겠습니다.

여러분의 인생에 하나님의 풍성하신 은혜가 넘치시기를 기원합니다.

여호와는 네게 복을 주시고
너를 지키시기를 원하며
여호와는 그의 얼굴을 네게 비추사
은혜 베푸시기를 원하며
여호와는 그 얼굴을 네게로 향하여 드사
평강주시기를 원하노라.
(민수기6:24-26)

[참고문헌]

1. C.P. Corn. 한중식 역. 크리스찬이 본 돈, 경쟁, 성공
   (도서출판 심지, 1982)
2. Ron Blue. 임칠환 역. 크리스천의 돈 관리(기독교문서선교회, 1994)
3. Jacques Ellul. 양명수 역. 사람과 돈(도서출판 보리, 1987)
4. C. Ponder. 남문희 역. 부의 법칙(국일미디어, 2010)
5. B, Lietaer. 강남규 역. 돈 그 영혼과 진실(참솔, 2004)
6. M. Phillips. 이진호 역. 돈의 일곱가지 법칙(부키, 1999)
7. J. Avanzini. 송원섭 역. 채무의 영을 결박해야 산다
   (베다니출판사, 2002)
8. 로버트 기요사키. 안진환 역. 부자아빠와 가난한 아빠(민음인, 2002)
9. 이부키 다쿠. 안은주 역. 성공한 사람들의 101가지 인생 이야기
   (삼성서적, 1998)
10. 독일개신교교회협 편. 손규태 역.
    그리스도교와 미래를 책임지는 경제활동(한국신학연구소, 1994)
11. 장학식, 배연수. 경제학개론(법문사, 1983)
12. 김수행. 정치경제학 원론(한길사, 1992)
13. 정윤성, 심기원. 부자들이 말하지 않는 돈의 진실(㈜밸류엔북스, 2011)
14. 김동호. 행복한 부자를 위한 5가지 원칙(청림출판, 2005)
15. 황호찬. 돈 그 끝없는 유혹(IVP, 2001)
16. 박경철. 시골의사의 부자경제학(리더스북, 2006)
17. 유시민. 부자의 경제학 빈민의 경제학(도서출판 푸른나무, 1993)
18. 노혜진. 부자들의 습관을 훔쳐라(도서출판 무한, 2005)
19. 신성진 외 3인. 돈, 제대로 관리하는 29가지 방법(새로운 제인, 2002)
20. 열린말씀컨퍼런스. 돈인가? 예수인가?(열린말씀, 2010)
21. 김윤홍. 기독교 사회봉사 어떻게 할 것인가?(쿰란출판사, 2011)

머니(money)가 뭐니?

-돈이란 무엇인가?-
재물에 대한 성경의 가르침

초판 1쇄 발행   2023년 7월 12일

지은이 | 김윤홍
만든이 | 이한나
펴낸이 | 이영규
펴낸곳 | 도서출판 그린아이

등록 연월일 | 2003. 12. 02.
등록 번호 | 제2-3893호
주소 | 서울특별시 은평구 녹번로 6-11, 201호
전화 | 02)355-3035
이메일 | gmh2269@hanmail.net

ISBN 979-11-91376-18-0